「ツレ」がいるから
強くなれる!

バディ入門

トミヤマ

大和書房

バディ［buddy］

辞書的には、相棒、仲間、親友を意味する言葉であり、それ以上の深い意味はないはず。なのですが、映画やドラマ、マンガなどのフィクションにおいて「バディもの」と言えば、固い絆で結ばれた「特別なふたり組」を期待させるものであり、「ブロマンス」と呼ばれる男同士の親密な精神的繋がりに心奪われることもしばしばです。

そして本書は、バディについてさまざまな角度から分析を試みるものですが、ただバディにうっとりする目的で書かれたものではありません。特別なふたり組について考えることにより、古今東西のバディについて概観するとともに、現実世界での恋人や夫婦といったふたり組のありようをアップデートできるんじゃないか、できるといいな、きっとできるよ、という気持ちで書いたつもりです。

バディをフィクションとして消費し、「ああ楽しかった」で終わるのではなく、現実に応用可能な概念として深掘りしてみたらどうなるか。古今東西新旧さまざまな作品を挙げながら分析・考察していきます。男同士のバディだけをとりあげるつもりはありません。男女バディ、女バディ、あるいはもっと別の形があるかも……人間関係を新たな可能性へと押し開かんとするバディ研究にどうかお付き合いください。

なお、書籍化にあたっては、わたしが本文、編集担当のSさんが注釈を担当することで我々なりのバディ感を出していこうとしております。こちらもあわせておたのしみいただけましたら幸いです！

バディ入門　目次

1章

バディってなんだ⁉

仲良し夫婦は、男女バディになれるのか？

『逃げ恥』こと『逃げるは恥だが役に立つ』★は、海野つなみ★によるマンガ作品で、ドラマ化★もされました。作品自体をよく知らない方でも、ドラマのエンディングで出演者たちが踊っていた「恋ダンス」★くらいは知っているんじゃないでしょうか。

同作で共演していた星野源★と新垣結衣★が結婚を発表したのは、2021年5月のこと。世間は『逃げ恥』婚★のニュースに沸きました。ティーン向けのマンガですらキスから先のあれやこれやを描くのが当たり前の時代に、焦れったいほどゆっくりと進む「ムズキュン」★な恋で世間を悶えさせたあのふたりが、現実でも夫婦になる。そりゃ盛り上がりますよね。ふだん芸能人の結婚に「なんだ、職場結婚か」としか思わないわたしもブチ上がりましたもの。

『逃げ恥』は夫婦関係のあり方を模索する物語でしたので、「ドラマから学んだ夫婦関係のイロハを実生活にも活かしてくれ！」と思ったりもしました。他人の結婚に口を出すなんてマジで余計なお世話ですが、星野さん＆新垣さんに

＊編集担当Sのバディな注釈

★『逃げるは恥だが役に立つ』…海野つなみによるマンガ。『Kiss』にて2012〜17年、人気にこたえて2019年〜20年と二度にわたって連載し、テレビドラマ化もされた。契約結婚という設定で、愛、結婚、ジェンダーなど、さまざまなテーマについて考え直すストーリーで大ヒットした。ちなみにタイトルはハンガリーの諺から借用したそう。

★海野つなみ…少女マンガ家。1989年「お月様にお願い」で第8回なかよし新人まんが賞に入選し、『なかよしデラックス』（講談社）でデビュー。2015年、「逃げるは恥だが役に立つ」で第39回講談社漫画賞（少女部門）受賞。現在、『Kiss』にて不思議な関係

「フィクションとリアルは別物」と思ってほしくなかったのです。人生の参考書にしないともったいないと思ってしまうくらい『逃げ恥』はいい作品でしたから。

同作のヒロインであるみくりは、大学院を修了したものの就職先に恵まれず、やむなく家事代行業をはじめます。父親の紹介で通い始めた家には、彼女いない歴35年、プロの独身こと平匡《ひらまさ》がいました。この男、愛想はないのですが、判断が合理的で無駄がないのがいいところ。同じく合理的であることを好むみくりにとって、それは歓迎すべきことでした。

従業員と雇い主としてスタートしたふたりの関係は次第に変化し、最終的に結婚へと至るのですが、そのときに彼らの決めた生活方針が、わたしに言わせると「夫婦の」というより、「男女バディの」方針なのですよね。ではここで、マンガ版『逃げ恥』のセリフを確認してみましょう。

平匡：こんなふうに話し合って見直して
その都度お互いがなるべく楽になるよう最適化していきましょう

の女性二人を描く、「クロエマ」連載中。

★**ドラマ化**…２０１６年10～12月まで、火曜22時帯に放送された、野木亜紀子脚本の『逃げるは恥だが役に立つ』の連続テレビドラマをさす。同名のコミックを原作とし、２０２１年には新春スペシャルドラマが放送。ドラマでも「契約結婚」「派遣切り」「高齢童貞」「晩婚化」など、社会的なテーマを脚本に盛り込みながらも、ラブコメディの楽しさも損なっておらずすごいと評判に。

★「**恋ダンス**」…『逃げるは恥だが役に立つ』の主題歌「恋」（作詞・作曲・プロデュース／星野源）の振り付けダンスのこと。振付家・ＭＩＫＩＫＯによる、思わず一緒に踊りたくなる振り付けは、真似して踊る人が続出し話題になった。とくに、踊るゆりちゃん（石田ゆり子）にやられる人が続出した。

問題があったらまた会議で
みくり：最高経営責任者会議で！
平匡：そうですよ
僕たちはこの家庭という場所を協力して運営していく
共同責任者なんですから
僕たちは雇い主と従業員というところから始まりましたけど
お互いが働いていて対等な立場での結婚というのは
ある意味 起業かもしれませんね

ラブよりもプロジェクト推進の感じが強いのがおわかりいただけますでしょうか。とにかく話し合うぞと。必要に応じて関係調整もするぞと。そう言っているわけです。大好きなひとと寝起きをともにできて幸せだなあ、みたいな感情の話は完全に二の次。さすがは合理的であることを好むカップルです。

結婚とは夫婦が力を合わせて推進する一大プロジェクトである――それが『逃げ恥』の打ち出した結婚観でした。性別役割分業の解体。対話による夫婦

★星野源…1981年生まれのミュージシャン・俳優・文筆家。2010年にミュージシャンとしてデビューして以降、俳優業や文筆業など、さまざまなジャンルで幅広く活躍。映画に出ればアカデミー賞、CDを出せばゴールドディスク大賞、ラジオをやればギャラクシー賞と、各ジャンルで数々の賞を受賞する無双のアーティスト。ちなみに「星野源」は本名。

★新垣結衣…1988年生まれの俳優・歌手・モデル。ファッション誌『ニコラ』の専属モデルを経て、俳優に。フジテレビ『リーガル・ハイ』『コード・ブルー』、TBS『逃げるは恥だが役に立つ』など話題作に多数出演。「ガッキー」の愛称で親しまれる。個人的には、ガッキーが10年以上出演しているチョコレート菓子「メルティーキッス」のCMが毎年の楽しみ。

★『逃げ恥』婚…TBSドラマ『逃げるは恥だが役に立つ』で

平等の達成。ラブラブの期間を経てこうした考えに落ち着くのではなく、最初からこのテンションなのがなんとも画期的です。

　こんなのロマンティックじゃない、と思うでしょうか。しかし、結婚が結局のところ「日々の生活」であることは動かしがたい事実ですし、そうであるならば、あらかじめストレスフリーに暮らせるシステムを組んでおくことは、とても大事です。好きだの愛してるだのといった甘い言葉で口を塞がれ、まともな話し合いができない方が、よほどしんどい。愛していれば言わなくても伝わる、なんてことはありません。これからのロマンティック・ラブとは、互いの義務や役割を愛で有耶無耶《うやむや》にしないことなんだと言わせてください。

　さきほど「恋ダンス」の話をしましたが、ドラマ版『逃げ恥』の主題歌である「恋」★の中で、星野源は「夫婦を超えてゆけ」と歌っています。夫婦を超えてゆく、とは一体どういうことなのでしょう。誰かと誰かが出会って、恋をして、夫婦になった先にあるもの……いろいろな解釈が可能ではありますが、わたしなどは世間一般の考える夫婦らしさが消え去ってもなおふたりが仲睦まじ

夫婦役を演じた、星野源と新垣結衣が結婚したことを指して言う。2021年5月19日に電撃発表され、大きな話題となった。今でも星野源が奥さんに言及するとニュースになるほどみんなが大好きな夫婦。トミヤマ夫婦と同じく〝結婚してからずっと仲良し〟でうらやましい限り。

★**「ムズキュン」**…恋愛関係になかなか発展しない二人に、ムズムズしながらもキュンキュンときめくこと。ドラマの公式Twitter（当時）も「#ムズキュン」をつけて投稿。エグい恋愛ドラマに疲れた視聴者の心に刺さり、一つのジャンルを築き上げたといえよう。

★**「恋」**…2016年にリリースされた星野源の9枚目のシングル曲。『逃げるは恥だが役に立つ』の主題歌に使用された。2016年の「Billboard JAPAN Hot 100」では総合で年間3位を獲得、翌2017年

く暮らし続けるための何かであり、つまりバディ的な何かなんじゃないかと思うわけです。夫婦を超えていくことが、夫婦の終わりではなく、なにかこう、新たな関係のはじまりになり得ると思わせてくれるのも「恋」という歌のいいところ。この歌の大ヒットによって、日本の結婚観がアップデートされたんじゃないか、されているといいな、と思うわたしです。

ちなみに、星野源には「ばらばら」★という曲もあって、そこでは「世界はひとつじゃない」とか「ぼくらは ひとつになれない」とか歌っています。なんだか寂しい感じがしますが、最後まで聴くと「そのままどこかにいこう」と、ばらばらをやさしく肯定して終わるんです。ばらばらの肯定。それは、愛さえあればひとつになれるという安っぽい恋愛至上主義をぶっ壊すものです。ひとつになるべしという呪いを解き、ばらばらの個が歩み寄り重なり合う奇跡のような瞬間を大事にする……これもつまるところ、バディ的な何かなんじゃないでしょうか。

星野源の話をもうひとつさせてください。彼が出演していたドラマ『MIU404』★は、大変良質なバディものでした。こちらは原作なしのオリ

も数回にわたって週間総合首位を獲得するなど、ロングヒットした。

★「ばらばら」…2010年にリリースしたファーストソロアルバム「ばかのうた」に収録されている楽曲。クソ女にふられたときに作った歌だったと本人が説明した(『クイック・ジャパン』)。クソ女さん、源さんを振り回してくれて、ありがとう!

★『MIU404』…2020年6~9月まで、金曜22時帯に放送された、野木亜紀子オリジナル脚本の連続テレビドラマ。タイトルの「MIU」とは「Mobile Investigative Unit(機動捜査隊)」の頭文字で、「404」は主役のバディである二人を指すコールサイン。読みは「ミュウヨンマルヨン」。編集担当の姪っ子(女子高生)は、ドラマが終わって4年たっても、全国を飛び回って星野源と綾野剛のバディを描いた同人誌を買いあさっている。

ジナル作品で、『逃げ恥』と同じ野木亜紀子★が脚本を手がけていました（野木先生は男女バディも男男バディも書けるのがすごいんですよねえ）。

舞台となっているのは、働き方改革の一環として警視庁内に創設された刑事部・機動捜査隊の臨時部隊「第4機捜★」。星野が演じる志摩は、第4機捜に配属されたはいいものの、自分と組むバディがいなくて困っています。そこにやってくるのが、やんちゃすぎる交番勤務員として煙たがられている伊吹（綾野剛★）です。

業務の都合上ふたりで行動しないといけないからそうする、という義務感からスタートして徐々に絆が深まっていくのは、バディもののお約束です。また、ふたりの見た目なり性格なりが好対照をなす、というのも大事なポイント。もともとエリート街道をひた走ってきた志摩と、トラブルメーカーとして敬遠されてきた伊吹。人間不信の志摩と、人間を信じたい伊吹。私服のセンスもまるで違います。まさにふたりは「ばらばら」なのですが、だからこそ、いざというときの結束ぶりにグッときてしまうわけです。

つまりバディというのは、ふだんからふたりで行動していればそれでいいと

★野木亜紀子…脚本家。2010年『さよならロビンソンクルーソー』で第22回フジテレビヤングシナリオ大賞で大賞を受賞。以降、映画『図書館戦争』、フジテレビ『主に泣いてます』、日本テレビ『掟上今日子の備忘録』など、原作のある作品の実写映像化の脚本を手がけてどれもヒットさせ、次第にオリジナル脚本を書くように。TBS『アンナチュラル』、日本テレビ『獣になれない私たち』、テレビ東京『コタキ兄弟と四苦八苦』など、手がけた作品すべてをヒットさせた脚本界の神。

★「第4機捜」…「警視庁刑事部・第4機動捜査隊」の略。実際に警視庁に設置されている機動捜査隊は第3まであり、「第4機捜」は架空の組織である。初動捜査専門で、24時間以内の解決を目指して捜査を行う。普段は覆面パトカーで地域をパトロールしているが、初回の事件で車を壊した二人は、倉庫にあった「メロンパンの移動販

いうものではなく、どこかのタイミングでバディに「なる」必要があるのです。実際、第4機捜では、志摩・伊吹以外のバディに関しても、お互いのことを唯一無二の存在だと感じ、正真正銘のバディになる瞬間がちゃんと描かれています。バディなんて業務上必要なだけなんだから、ドライに行きましょうよ、みたいなことを言っていても、いずれバディになることを主体的に選択する瞬間がやってくるのです。

バディ成立の瞬間が、作品を愛するファンにとって大事であることは、言うまでもありません。むしろ、その瞬間に立ち会いたくて、作品を鑑賞しているフシさえあるくらいです。たまに、このひとたちはバディですよ、と説明的に描写するだけで、バディ成立の瞬間をきちんと描いてくれない作品があるんですが、そうなるとファンののめり込み具合もそこそこで終わってしまうんですよね（不完全燃焼）。このひとたちはピンチのときに、このひとたちは絶望の淵でバディになるのね、なるほど。このひとたちは一緒のときに、このひとたちは離れているからこそバディになるのね、なるほど。このなるほど＝納得感があればこそ、バディが輝いて見えるというものです。

売車」に乗る羽目になる。奇天烈な車に乗るバディの好例。

★綾野剛…1982年生まれの俳優。第40回日本アカデミー賞優秀主演男優賞をはじめ、数多くの賞を受賞し、実力派俳優として知られる。星野源と共演した、2015年放送のTBSドラマ『コウノドリ』では、正反対の性格ながら、お互いを信頼する同期役を演じた。『MIU404』では足の速い刑事役だったため、NIKE史上最速と呼ばれた「ズームエックス ヴェイパーフライ ネクスト%」を履いて登場。陸上競技経験を活かし、犯人を追いかけて疾走する姿を何度も何度も見せた（ちょっと心配になった）。ちなみに、デビューは2003年放送の『仮面ライダー555』で怪人・スパイダーオルフェノクに覚醒する役。

ネタバレにならない程度に書いておくと、『ＭＩＵ４０４』は警察の話なので、志摩と伊吹の間には事件解決に向けて一緒に行動する中で育まれる絆がまずあり、それとはまた別に、これまでの人生で受けた心の傷を互いに見せ合うことで育まれる絆があります。ひとつめの絆だけで終わってしまう作品もある中で、ふたつめの絆を用意しているのが、野木脚本のニクいところだと思います。ふたつめの絆が時間をかけて縒《よ》り合わさる頃には、唯一無二の、文字通り特別なふたりになっている。もう誰にもほどけない絆。なんというか、もう、尊い以外の言葉がない！

それにしても、星野源の仕事を追いかけるだけでバディのことがいろいろとわかってくるのは、一体どういうわけなんでしょうか。考えてみれば彼の出演していた映画『箱入り息子の恋』★も『地獄でなぜ悪い』★もそうでした。一応、恋愛ものではあるんですが、よーく観察すると、いずれの作品も好きになった女子の王子様になり切れない男子が、せめてよき相棒であろうと死に物狂いの努力をしているんですよね。つまりうっすらバディものの要素が入っているの

★『箱入り息子の恋』…２０１３年公開、市井昌秀監督・脚本、田村孝裕共同脚本の星野源の初主演映画。夏帆演じる、目の見えない奈穂子に恋をする35歳童貞男を演じる。『逃げ恥』にしろ、『箱入り息子の恋』にしろ、童貞は星野源のハマり役。

★『地獄でなぜ悪い』…２０１３年公開、園子温監督・脚本。主演は國村隼、堤真一、二階堂ふみ、友近、長谷川博己、星野源の６人（多い！）という少々イカレた映画。星野源は、人気子役だった二階堂ふみのファンで、一日限定の恋人として振舞ううちにヤクザの映画製作騒動に巻き込まれ、途中からずっと叫ぶ役で、同タイトルの主題歌も担当した。本作と同年公開の『箱入り息子の恋』での演技が評価され、第37回日本アカデミー賞新人俳優賞を受賞している。

★星野源（の事務所）…星野源

です。星野源（の事務所）★がどういう基準で仕事を選んでいるのか、わたしには知る由もありませんが、彼の好演が日本のバディもののレベルをひそかに底上げしているのは間違いありません。

『逃げ恥』も『ＭＩＵ４０４』も作劇するうえで、まずはふたり組を作ります。最初の時点では義務感で一緒にいる、即席のふたり組です。バディ成分が充填され、特別なふたり組になるのはその後のこと。ただし、バディになったからといって、ひとつに溶け合う必要はないのです。「同じ」は少しでいい。「ばらばら」な方がかえって都合がいいときすらある。わたしはそのことに、とてつもない風通しのよさを感じます。そういうふたり組でいいなら、わたしもなりたいなあと思うのです。

私事で恐縮ですが、わたしはバンドマンの夫（おかもっちゃん）★と結婚しています。で、彼と結婚してみようと思えたのは「このひと、ひょっとして将来すごくいい茶飲み友だちになるんじゃないかしら？」と思ったからなんです。ロマンスのスイッチが入っていないときにする会話がとにかくおもしろいんで

の所属事務所は、音楽関係では、福山雅治やサザンオールスターズらも所属している大手の「アミューズ」だが、俳優業は松尾スズキ主宰の「大人計画」に所属している。

★バンドマンの夫（おかもっちゃん）…アフロヘアがトレードマークの、SCOOBIE DOでドラムを叩いて20年のオカモト〝MOBY〟タクヤ氏のこと。めちゃくちゃ優しくて面白いという理想の夫だから、トミヤマさんはこんなことを言えるのである。ジェーン・スーのエッセイを原作とした、テレビ東京ドラマ『生きるとか死ぬとか父親とか』では、ラジオディレクター役でレギュラー出演を果たした。ドラマ内で実際に流れることはないが、この番組であればかけるであろう曲の音源を毎回スタジオに持参していたほどのラジオ好き。

すよ。単に「気が合う」というのとも、ちょっと違います。意見が食い違うことも全然あるんですが、それはそれで構わないと思えるし、とくに気まずくもならない。

結婚当初はきちんと意識できていませんでしたが、いまならわかります。わたしは彼と、夫婦というより、男女バディになりたかったのです。いや、別に、ラブラブ&アツアツの恋人みたいな関係が嫌なわけじゃないんです。ただ、恋愛とか性愛は保守管理が大変なんですよね……。「一生恋愛中！」みたいな夫婦がいることも知っていますが、あれって、本当に恋愛感情とか性欲だけで支えられているかというと、そんなことないんじゃないかと思うんですよ。ラブラブを継続させるための強固なシステムが組まれているはずなんです。それってすごい高度なテクだし、バディとはまたちょっと違う意味で特別なふたり組だなあと思います。それにくらべると、優秀な茶飲み友だちと結婚し、男女バディを目指すのに、そこまで高度なテクは必要ないのではないかと当事者は考えております（笑）。日々の会話をたのしむ気持ちさえ持ち合わせていればいいので……。

わたしは自分の夫婦関係を説明するときに、「磯野と中島（『サザエさん』）」とか「ぐりとぐら」のたとえをよく使います。そうすれば、世間様の考える夫婦イメージに絡め取られなくて済むと思うからです。はじめは思いつきでなんとなく使っていたのですが、愛だの恋だのので説明されがちな男女の関係とは一定の距離を置けるのが心地よいのだと思います。

まあ、わたしら夫婦は男と女だけど、色恋じゃなくて友情で磨き上げたこの関係性を見てくれよ。頼むよ。そんな思いになることが、しばしばあります。男女としかみなされないことが、なんだか息苦しい。みなさんの中にもそんな風に感じているひとがいるのではないでしょうか。

さて、そこでバディものの出番です。あのふたり組には、学ぶべき点があり、人間がふたりで生きていきたいと思ったときに、なんらかのヒントをくれる存在である。そのことについて、みなさんと一緒に探っていけたらと思っています。もともとバディ好きの方も、そうではない方も、どうぞよろしくお願いします！

2章

バディはなぜクセの強い車に乗るのか？

世間の目よりも互いの目を意識する関係

バディムービーを鑑賞していて気づいたんですが、クセの強い車に乗ってるバディが妙に多いんですよね……。なんでこんなにクセ強カーが？　ふつうの車じゃダメなの？　というわけで、バディとクセ強カーの関係が一体どうなっているのか、さっそく確認していきましょう。

まずは、80年代のバディムービーとして必ず名前の挙がる『48時間』★。冷酷非道な脱獄囚を捕まえるべく、刑事のジャック（ニック・ノルティ）★が、ホシと繋がりのある服役囚レジー（エディ・マーフィ）★を48時間だけ刑務所の外に連れ出し、ともに捜査をする物語です。48時間という限られた時間の中でミッションを完遂しなければならないスリリングな展開はもちろんですが、白人&黒人バディのケミストリーに心奪われた観客が多かったようで、公開後すぐに世界中で大ヒットとなり、続編も制作されました。興行的成功の影響はかなり大きかったと見えて、同作以降、『リーサル・ウェポン』★をはじめとする白人&黒人バディものがたくさん作られています。

★『48時間』…1982年公開（日本での公開は1983年）、ウォルター・ヒル監督。エディ・マーフィの映画デビュー作。白人警官と黒人服役囚の凸凹バディを描いて約8000万ドルの興行収入を稼いだバディムービーの金字塔。

★ニック・ノルティ…1941年アメリカ生まれの俳優。ゴールデングローブ賞主演男優賞を受賞しており、アカデミー主演男優賞にも2度ノミネートされる実力派だが、アルコール依存症を患い、2002年には飲酒運転で逮捕されたことも。逮捕後はクリニックで治療してスクリーンに復帰した。

★エディ・マーフィ…1961年アメリカ生まれの俳優。1984年公開の映画『ビバリーヒルズ・コップ』で一躍ス同作に登場するのが、ジャックの所有するキャデラック★。色褪せたボロボロの車体で、手入れをされた形跡がありません。しかもジャックの運転がめちゃくちゃ荒いんですよ。警察のひとなのに安全運転の意識がない（笑）。幌《ほろ》をたたむとオープンカーになるコンバーチブル型なのですが、つねにオープン、つねに丸見え。調べたところ、舞台となっているサンフランシスコは降雨量が少ない（夏はほぼ降らない）のだそうで。……いや、だからって、つねにオープンなのは、さすがにテキトーすぎるだろう。このような扱いのせいで、ジャックのキャデラックは、まわりの車から明らかに浮いています。

続編『48時間 PART2 帰って来たふたり』★では、刑期を終えたレジーがジャックとふたたび行動を共にするのですが、久し振りの再会に際し、ジャックは例のキャデラックと同型のものをまた購入したと語ります。しかもボロ具合まで同じなのです。お気に入りのボロ車を荒々しく乗り回すのがオレ流ということなんでしょうけど、かなり独特ですよね。相棒レジーもちょっと困惑しているように見えます。

続いてご紹介するのは、兄弟のちぎりを交わした男ふたりのバディっぷりを

ターダムに。以降、『星の王子ニューヨークへ行く』や『ドクター・ドリトル』や『シュレック』の声を担当するなど、世界中が知っているコメディ俳優として活躍。ちなみに子どもが10人いる。2024年には『ビバリーヒルズ・コップ』の新作が配信。

★『リーサル・ウェポン』…1987年公開、リチャード・ドナー監督のアクション映画。メル・ギブソンとダニー・グローヴァーが白人&黒人のバディを務めた。もちろん、破天荒なのはメル・ギブソンで、ダニー・グローヴァーは諌めながら振り回される役。大ヒットし、4までシリーズが制作された。

★キャデラック…アメリカの自動車メーカー・ゼネラルモーターズが展開するブランド。高級車として知られる。『48時間』で刑事ジャックが乗っていたのは、64年式のキャデラック ドゥビル・コンバーチブル。とにかく長くてカクカクした車体がかっ

コミカルに描いた名作『ブルース・ブラザーズ』★。自分たちの育った孤児院を立ち退きの危機から救うため、バンドでひと儲けしようと企むジェイク（ジョン・ベルーシ）★とエルウッド（ダン・エイクロイド）★のブルース兄弟が、警察から払い下げられた車「ブルース・モービル」に乗っています。警察車両な時点ですでに変な目立ち方をしていますが（笑）、めちゃくちゃデカいスピーカーを乗っけて街を走るシーンもあるんですよね。極めつけは、本物の警察車両に追っかけられ、ショッピングモールの中を爆走した後、シカゴ市内で大規模なカーチェイスを繰り広げるシーン。悪目立ちしようとおかまいなしのブルース・モービルが、どんどんカッコよく見えてきます。

タイトルに「ブルース」の名前が入っていることからもわかるように、同作にはブルース音楽へのリスペクトがあります。ジェイクとエルウッドの服装もそうです。黒い帽子、黒いサングラス、黒スーツに黒ネクタイ……全身を黒で固めた彼らのファッションは、古き良きブルースミュージシャンたちのファッションに着想を得ているのですが、同作以降はブルース云々というより「バディの制服」というイメージが強くなりました。『メン・イン・ブラック』や

こいい、マニア垂涎の車種。

★『48時間　PART2　帰って来たふたり』…1990年公開、ウォルター・ヒル監督による続編。続編にしては8年後と時間がたっているのは、84年公開の『ビバリーヒルズ・コップ』でエディ・マーフィの人気が爆発したからか（こちらは3年後に続編も公開されている）。

★『ブルース・ブラザーズ』…1980年公開（日本では1981年公開）、ジョン・ランディスによる監督で、アメリカの人気番組『サタデー・ナイト・ライブ』における一コーナーにストーリーを付けた映画。コメディ、アクション、ミュージカルなど、さまざまに楽しめる伝説の作品（アレサ・フランクリンの歌声は圧巻！）。黒いスーツに黒いネクタイ、レイバンのサングラスに黒いソフト帽という出で立ちは、後の『メン・イン・ブラック』に影響を与えたと言われる。

『マトリックス』シリーズの黒づくめファッションも『ブルース・ブラザーズ』からの引用だと言われています。ちなみに、ノッポとチビの組み合わせで凸凹感を演出する手法も、バディものにはつきものですが、『ブルース・ブラザーズ』はその典型例です。

そんな『ブルース・ブラザーズ』は、もともとコメディ番組『サタデー・ナイト・ライブ（SNL）★』のコーナーから生まれた映画なのですが、同じくSNL発の映画に『ウェインズ・ワールド★』があります。こちらもバディものと言っていい作品で、ウェイン（マイク・マイヤーズ★）とガース（ダナ・カーヴィ★）のふたり組が登場します。彼らは自宅の地下室からケーブル番組『ウェインズ・ワールド』を放送している人気MC。現代風に解釈すると、ロックへの熱い思いを抑えきれない若者がYouTubeをはじめたらめちゃくちゃバズった、みたいな感じです。年齢だけは立派な大人ですが、中身は完全に小学生。ふざけてばかりの親友ふたり組は、ひたすらバカバカしいけれど、どこか羨ましい存在でもあります。

そんな彼らが乗り回しているのが、水色の小さな車。AMC・ペーサー★とい

★ジョン・ベルーシ…1949年生まれ・1982年没。アメリカの俳優・コメディアン。本作で人気俳優となるも、人気絶頂の1982年に薬物の過剰摂取で亡くなった。84年公開の『ゴーストバスターズ』への出演も決定しており、まだ33歳という若さだった。死後、ベルーシを題材にした書籍が出版され、それをもとに映画も製作されるなど、絶大な人気を誇っていたことがよくわかる。雰囲気としてはジャック・ブラックが後継という感じ。

★ダン・エイクロイド…1952年生まれ、カナダ出身の俳優・コメディアン。『ブルース・ブラザーズ』シリーズや『ゴーストバスターズ』シリーズなどの大ヒット作の脚本も手がけた。ジョン・ベルーシとは、コメディ劇団時代に知り合い、『サタデー・ナイト・ライブ』時代も共に過ごした親友だった。『ゴーストバスターズ』では3人組の1人、レイ役を自ら担当。

う車種で、現地では女性に人気があったそうです。確かにコロンとしていてかわいらしいんですよね。日本で言うとスズキの「ラパン」みたいな感じ。つまり「雄々しくない」車なのです。

ところが、ウェインたちのAMC・ペーサーには、「フレイムス」★のペイントが施してあります。海外の映画やドラマで、イケてる子や不良の子が乗っている車にド派手な炎のペイントがしてあることがありますが、あれが「フレイムス」。雄々しさの権化みたいなやつです。

本来は、車体を貫くようにぶわーっと炎が出ているのがクールなんですが、AMC・ペーサーは小さい車なので、炎もごく短いのです。前輪の横からちょろっと出ているだけ。雄々しくてなんぼのフレイムスが、こんなにかわいくなっちゃって……。

さて、次の作品に移りましょう。先ほども触れた『メン・イン・ブラック』★は、宇宙人の絡む案件を一手に引き受ける秘密組織「MIB」の面々が魑魅魍魎を相手に大活躍する王道エンタメ映画。MIBのベテランK（トミー・リー・ジョーンズ）★と彼に見出された新人J（ウィル・スミス）★の凸凹コンビが短期間

★『サタデー・ナイト・ライブ（SNL）』…1975年から現在も続く、土曜深夜に生放送されるアメリカの長寿コメディテレビ番組。コントやショー、音楽ライブで構成され、コメディスターへの登竜門的な番組として知られる。

★『ウェインズ・ワールド』…1992年に公開された、ペネロープ・スフィーリス監督による、人気テレビ番組『サタデー・ナイト・ライブ』の1コーナーの映画化。70〜80年代のロックがいろいろ聞けるうえに、ちょっとしたロック・トリビアもたくさん入っているので、音楽オタクは全員観たほうがいいかも。脚本・主演は『オースティン・パワーズ』シリーズで有名なマイク・マイヤーズ。

★マイク・マイヤーズ…1963年生まれ、カナダ出身の俳優・コメディアン。『サタデー・ナイト・ライブ』への出演で一躍有名となり、エミー賞を受賞。

で一気にバディ化していく様子がたまりません。

　ふたりが出動時に使うのが、Kが運転するフォードLTDクラウンビクトリア★。これをはじめて見たJは、「宇宙のハイテクを集めて車はオヤジ趣味かよ」と言います。カクカクとしたデザインが今となってはクラシックでカッコいいのですが、まだ若いJから言わせれば、立派なオヤジ車かもしれませんね。

　これらの例を踏まえた上で、前章の話を思い出してみると、ドラマ『MIU404』で志摩と伊吹が乗っていたのは「メロンパン号」★でした。他の同僚たちがごくふつうの警察車両に乗る中、ふたりだけがメロンパンの移動販売車で管轄内をパトロールしていたのですよね。やはり、バディが一風変わった車に乗るのは、一種の「お約束」と呼んでいいんじゃないでしょうか。このほかにも『バック・トゥ・ザ・フューチャー』★にはタイムマシンに改造されたデロリアン★が出てきますし、『探偵はBARにいる』★には『48時間』のオマージュなんじゃないかと思うほどボロボロのビュート★が出てきますし、『バンブルビー』★に至っては、車にトランスフォームするロボットが出てきます……という感じで、バディムービーのクセ強カーは、探せばまだまだ出てきそ

映画『ウェインズ・ワールド』の脚本・主演を担当してヒットさせた後、97年公開の『オースティン・パワーズ』で脚本・主演・製作を担当して、大ヒットすることになる。ちなみに、『オースティン・パワーズ』は007等スパイ映画のパロディで、マイク・マイヤーズは60年代のイケてるスパイ役。シリーズ3まで制作され、回を重ねるごとにゲストも音楽も豪華になっていった。

★ダナ・カーヴィ…1955年、アメリカ生まれのコメディアン・俳優・司会者。マイヤーズと同じく、『サタデー・ナイト・ライブ』で有名になり、映画『ウェインズ・ワールド』に出演してエミー賞を受賞した。

★AMC・ペーサー…アメリカン・モーターズ・コーポレーションの人気車種の一つ。AMCは1987年にクライスラーに吸収された。ペーサーはコンパクトなサイズ感に大きく湾曲した後部座席のガラスが特徴で、

うです。

ここでわたしが考えたいのは、バディものにおいて「クセの強い車が何を意味するか？」ということです。まず、変わった車は人々の注目を集めやすいです。見られるだけならまだよくて、訝《いぶか》しがられたり、笑われたりする可能性もあります。どちらかというと悪目立ちの部類ですね。クセ強カーは「世間の目」や「偏見」を引き寄せるものだと言っていいでしょう。

そういう車に乗る行為は、バディが世間の偏見にどう向き合うかを表すものだと解釈できますが、バディ・ムービーを観る限り、違和感を抱いているのははじめのうちだけで、やがて慣れてしまうパターンがほとんどです。よきバディは、偏見になんか屈しない。誰にどう思われようと関係ないのです。

次は車内の様子についてです。車内とは、一種の密室。大事な話をするのに、これほどおあつらえ向きの場所はありません。あと、密室の中でも、自動車は横並びに座れるのがいいんですよね。運転席と助手席に並んで座ると、ふたりが同じ目的に向かって進んでいる、という雰囲気を演出することができますか

斬新なデザインから女性を中心に人気となった。

★フレイムス…

★『メン・イン・ブラック』…1997年公開、バリー・ソネンフェルド監督、スティーヴン・スピルバーグによるプロデュースで大ヒットしたSFアクション映画。クソ真面目なトミー・リー・ジョーンズと軽薄なウィル・スミスによるバディのかみ合わない感じが笑えるコメディ。二人の衣装は、ブルース・ブラザーズの影響を受けた黒いスーツに黒いネクタイ、さらにレイバンのサングラスをかけている。こ

ら。バディは向かい合うより、同じ方向を向くのが似合っているように思います。この点に関しては、『メン・イン・ブラック』がよい例だと思うのですが、向かい合って食事をしているときは話が嚙み合わなくてダルそうなのに、車に乗ると、その手の倦怠感がスッと消えるんですよ。バディが大事な話をするときは、車が一番だと言わんばかりの演出です。

バディものにおける車を使った演出はどれも非常に示唆的です。世間の目を気にしすぎても仕方がないというのは、バディに限らず、恋人・夫婦関係にも言えることですよね。自分と大事なひとの関係が「ふつう」からはみ出すものであったとしても、気にしすぎない方がいい。最初は恥ずかしくても、いずれ慣れるから大丈夫。そう言われているような気持ちになります。

人目が気にならなくなったら、次はふたりだけの空間で会話をすることが大事になってきます。本音を語り、秘密を共有する。見つめ合っては言えないことも、横並びなら言えるかも知れません。ふたりの見つめる先に、同じ目的があるとさらにいいでしょう。

そして何より、車に乗ることは、命を預ける／預かることです。運転って、

のサングラスは、映画の人気からそれまでの3倍の売り上げになったとか。

★トミー・リー・ジョーンズ…1946年、アメリカ生まれの俳優。実はハーバード大学を卒業しており、当時のルームメイトはのちの副大統領で、ドキュメンタリー『不都合な真実』に出演し、ノーベル平和賞を受賞したアル・ゴアであった。親日家として知られている。

★ウィル・スミス…1968年、アメリカ生まれの俳優、コメディアン、ラッパー。これまでにゴールデングローブ賞、アカデミー賞、グラミー賞などの数々の賞にノミネートされ、受賞してきた。「ドル箱スター」と呼ばれ、出演した作品はどれも興行的に大成功してきたが、2022年のアカデミー賞授賞式での「クリス・ロック殴打事件」によって、向こう10年間のアカデミー賞行事への出席を禁じられた。

日常の中で発生する何気ない（しかしよく考えるとけっこう重大な）命のやりとりだと思うんですよね。下手したら死ぬ、みたいなカーチェイスのシーンで、相棒を信じているのとか、本当にすごいことだと思うんですよ。わたしなんて、数年前まで完全なるペーパードライバーだったおかもっちゃん（夫）の運転をいまだに信じていませんからね……。どんな運転をされても平然としていられたら、かっこいい相棒になれるのですが、それはまだまだ先のようです。

バディと車のありようを見ていると、現代的なコミュニケーションとの違いを感じます。どういうことかと言うと、世間の目を気にせず、ふたりきりの空間で同じ目的に向かって進むことが、難しくなってきているように感じるのです。たとえば、ＳＮＳは基本的に「1対多」のコミュニケーションであり、誰がいつ自分の投稿を見てどのように解釈するかを完全にコントロールすることはできません。それだと困る、となれば、アカウントをいくつか作って、話の通じる集団だけに向けて発信をすることになります。自分の全てをさらけだすよりも、自分をいくつかに分割して、他者と繋がろうというわけです。

★フォードLTDクラウンビクトリア…フォードが製造販売していた車。小回りの利く小型化のブームの中でも、大型を頑固に維持。保守派の親父が好きな車という立ち位置をかたくなに守っていたが、生産終了。

★「メロンパン号」…『MIU404』で、星野源と綾野剛のバディが覆面捜査のために使用するメロンパンの移動販売車。当初二人が使っていた覆面カーは、1話目でオシャカにしたため、倉庫で眠っていたこの車があてがわれた。

★『バック・トゥ・ザ・フューチャー』…1985年公開、ロバート・ゼメキス監督、スティーヴン・スピルバーグ製作総指揮のタイムスリップするSF映画の元祖、レジェンド映画。40代の大人は、子供時代に繰り返し金曜ロードショーで見た記憶あり。シリーズは三作目まである。

★デロリアン…1981〜82

大学の教え子たちに聞いたところによると、この方法は他者との摩擦が減るという意味ではすごくいいのだけれど、ものすごく仲良くなった相手に「別の自分も知ってほしい」と思ったときに、かなり勇気が要るそうです。日頃の安心と引き換えに、本音でぶつかるハードルが上がっているのだなと感じました。教え子世代にとって、趣味のバディとか学校のバディとか、そういう小さなバディは想像できても、長所も短所も知った上で全人格まるごと受け止めるスケールの大きいバディというのは、ある種のファンタジーになりつつあるのかもしれません……年長者としては、「まあ、ファンタジーだと思うのもわからないではないけれど、ちょっと勇気を出せば手に入る関係かもしれないよ」とお節介を言いたくなるところではありますが。

年にデロリアンモーターカンパニーによって製造された車。当時GMの役員であったジョン・デロリアンが、理想の車を作るためにGMを辞して立ち上げた会社だったが、金銭トラブルに薬物トラブルと波乱続きで倒産し、1モデルしか生産されなかった。ドアが上下に開く特徴的なデザインをしており、現存するうちの1台をオークションにかけたところ、落札価格は54万ドルにもなったとか。売り上げは、主演俳優、マイケル・J・フォックスが立ち上げたパーキンソン病の研究をする財団に寄付された。

★**『探偵はBARにいる』**…2011年公開。橋本一監督、大泉洋主演。札幌にある繁華街・ススキノを舞台に、大泉洋演じる探偵と松田龍平演じる助手が事件を解決する。現在までにシリーズで3作が制作されている。原作は東直己によるススキノ探偵シリーズ。

★ビュート…富山県に本社を置く光岡自動車が製造するモデル。クラシカルでこだわりを感じるデザインが特徴だが、生産されたのは90年代。『探偵はBARにいる』では緑のビュートが登場した。

★『バンブルビー』…2018年公開（日本では2019年公開）、トラヴィス・ナイト監督。映画『トランスフォーマー』のスピンオフ作品として制作されたSFアクション映画。それまでのマイケル・ベイから監督を交代して80年代を舞台にした本作は、シリーズ最高傑作という声も多く聞かれる。

3章

事件もケンカもなくても、バディになれる

自分は誰かにとって「特別」なんだと実感する日

「ブルーマンデー（憂鬱な月曜日）」という言葉があります。土日が休みのひとにとって、仕事や学校がはじまる月曜日は確かにつらいですよね。また一週間がはじまる……。わかっていても、毎度ブルーになります。

ブルーマンデー現象に対し、この国では「サザエさん★症候群」という言葉があてがわれることがあります。他国の方にはなんのこっちゃわからん言葉だろうなと思い、「chatGPT」に尋ねてみたところ「Sazae-san syndrome」もしくは「Sazae-san phenomenon」という訳が出てきたのですが、これでは相変わらずなんのこっちゃわからん（笑）。そこで「世界一高精度な翻訳ツール」と銘打っている「DeepL翻訳★」にかけてみたところ、「Sunday night depression」と訳出されました。日曜夜の憂うつ。おお、これならばわかりやすい。なんか感動。

『サザエさん』の初回放送★は１９６９年10月５日の日曜日です。そこから放送され続け、２０２４年で55周年を迎えます（ちなみにギネス記録）。火曜夜に再

★『サザエさん』…フジテレビ系列で毎週日曜よる６時30分～７時まで放送されている国民的テレビアニメ。１９６９年に放送がスタートした。原作は終戦の翌年、昭和21年から、長谷川町子によって新聞に掲載された４コママンガ「サザエさん」。あさひが丘を舞台に、日常をコミカルに描いた。サザエさんはまだ24歳でカツオとは姉弟という話は何度聞いても誰もが驚く。ちなみに、波平さんは54歳。昭和の家庭像から隔世の感を禁じ得ない。

★「DeepL翻訳」…ドイツ・ケルンに拠点を置く、DeepL社が提供する機械翻訳サービス。32言語に対応しており、無料でもかなりの文字数を訳してくれる。翻訳も優秀で頼りになる。

★『サザエさん』の初回放送…

放送回が流れていた時期★もありましたが、基本的には日曜夜の番組として放送されてきました。愉快なホームコメディなのは間違いないのですが、放送が日曜夜だったばっかりに、視聴者をもの悲しい気持ちにさせ「症候群」まで引き起こすとは。明るいのか暗いのか、もはや謎。改めてすごい番組だと思います。

日曜夜と言えば、もうひとつ忘れてはならないのが『ちびまる子ちゃん』★です。こちらの初回放送★は１９９０年１月７日の日曜日。92年9月末から2年と少しの休眠期間★があるけれど、それ以外はずっと『サザエさん』の前枠でがんばっています。こちらも相当な長寿番組です（原作は２０２２年に35周年を迎えました）。「サザエさん症候群」のような名前こそついていませんが、みなさんの中には「ちびまる子ちゃん症候群」派のひともいるんじゃないでしょうか。

核家族世帯や単身世帯が当たり前の現代★において、祖父母・両親・兄弟姉妹によって構成される家族は、一般的とは言いがたいものになりました。『サザエさん』と『ちびまる子ちゃん』は、古き良き日本の家族を描いた一種のファンタジーになったのです。しかしながら、本作をただノスタルジックな気分に浸るためのファンタジー作品としてしまうと、少々もったいないと思うのです。

「75点の天才！」「押し売りよこんにちわ!!」「お父さんはノイローゼ」の3本でお送りされた。タイトルだけを見ると、初回にしてはなかなか攻めた印象を受ける。

★火曜夜に再放送回が流れていた時期…1975年〜97年の間に「まんが名作劇場　サザエさん」として放送されていた。この期間は休止を挟みつつ週2回、テレビで『サザエさん』を観ることができた。再放送していたのは数年前の内容なので、子ども達にとっては単純に週に2回放送されるアニメだった。

★『ちびまる子ちゃん』…フジテレビ系列で毎週日曜よる6時〜6時30分に放送されている、国民的テレビアニメ。原作はさくらももこの同名マンガ。静岡県清水市を舞台に、さくらももこをモデルとする主人公のまる子と、家族や友だちとの日常をほのぼの描く。娯楽の少ない時代はサザエさんまで続けて見て、なんたって、両作品にはめちゃくちゃ尊いバディが出てくるのですから。

『サザエさん』のバディ、それは言うまでもなく「磯野と中島」――サザエさんの弟である磯野カツオ★とクラスメイトの中島弘《なかじまひろし》★ですよね。そして中島と言えば、「おーい磯野、野球しようぜ！」というセリフがあまりにも有名です。

中島はひまさえあればカツオを野球に誘っています。野球がしたいからカツオを誘いに来るのか、カツオを誘いたいから野球をやるのか、どっちなんだろう（どっちもなのか？）。中島には浪人生の兄と厳格な祖父がいて、両親は健在とのことですが、作中ではあまり詳しく語られません。公式情報が少なすぎるがゆえに半分わたしの妄想になってしまいますが、中島家には小学生男子の遊び相手になれそうなひとがいないっぽいんですよね。家に浪人生がいるというのも、なかなかに気をつかうシチュエーションですし、その上、祖父が厳格とくれば、友だちと自宅でわいわい遊ぶという選択肢は消滅したも同然。賑やかな磯野家に足が向くのは当然という気がします。

中島にとってカツオが大切な野球仲間であり心の拠り所だとして、じゃあカ

日曜の終わりを嘆くまでがセットだった。

★初回放送…「まるちゃんきょうだいげんかをする」の巻、「まるちゃんはまだおとそ気分」の巻の2本で構成された。『サザエさん』の初回放送に比べると平凡である。そういえば、子供の頃は「おとそ」が甘苦くて嫌いだったのに、大人になってこんなに日本酒を好きになるとは隔世の感を禁じ得ない。

★休眠期間…これは第1期の放送を最長3年で契約していたために発生したものである。このため、第1期には「幻の最終回」が存在する。「幻の最終回」は第142話「さくら家のお月見」の巻。その後2年4カ月のブランクを置いて、1995年1月から放送を再開した。

★核家族世帯や単身世帯が当たり前の現代…『サザエさん』『ちびまる子ちゃん』と並んで、

ツオは中島のことをどう思ってるんだという話ですが、実は相思相愛というか、カツオも中島をけっこう頼りにしているんですよ。2020年に放送された「カツオは成長期」(No.8162)★は、その最たる例。サザエから「カツオの方がやることなすこと子どもじみてるわね」と言われたカツオが、中島の家に逃げ込むというストーリーになっています。サザエがカツオに「子どもじみてる」なんて言ったのは、空き地でキャッチボールをするときに、カツオは汚れるのも気にせず遊ぶけれど、中島は母親に洗濯の手間をかけさせまいとして、なるべく汚れないように遊ぶからなんです（やはり中島は気づかいの子ですね）。

姉さんに子ども扱いされたカツオは、すぐさま中島の家へ向かうわけですが、へコんでる自分をさらけ出せる相手が中島をおいて他にいないというのが、すでに胸熱ではありませんか。突然やってきたカツオをすぐ家に上げる中島もいいやつすぎて泣けます。ただの野球仲間じゃ、こうはいきません。少なくともうちのおかもっちゃん（夫）が草野球仲間★とこんな風になっているのを見たことがないですからね……。磯野と中島の間には、野球によって繋がりつつ、ときに野球を超えていくような心の動きがあるのです。

国民的アニメと呼ばれることの多い『ドラえもん』『クレヨンしんちゃん』は両親と子どもで構成される核家族である。ちなみに大正時代を描いた『鬼滅の刃』も核家族だった。おじいさんおばあさんはどこへ…。

★磯野カツオ…サザエの弟で小学5年生。口達者なお調子者で、クラスで一番目立つ存在、という設定だったらしい。昨今では甲子園ですら見なくなった坊主頭がトレードマーク。

★中島弘…カツオと同じクラスで、常に野球に誘いにきてくれるカツオの大親友。眼鏡がトレードマーク。

★「カツオは成長期」(No.8162)…姉であるサザエに親友・中島と比較されて落ち込むカツオが、比較された相手である中島の家に逃げ込む話。サザエは中島を褒めたが、中島の祖父は挨拶のできるカツオを褒めたため、二人は互いの成長と友弱味を見せる、というシーンはバディものにしばしば出てきます。見せるつもりがある場合も、見せるつもりはなかったけど見られてしまう場合もあると思うんですが、いずれにせよ、弱っている自分を見て引かない相手というのは、非常にありがたいものですよね。わたし自身は幼いころから虚弱なのもあり、急にお腹を下したり、貧血になったりと、具合の悪いところを他人に見られてしまう経験を結構してきているのですが、そういうときに、多少びっくりはしつつも「なんとかなるよ〜」って感じで対応してくれたひととは、その後もよいお付き合いが続いています。処置が完璧じゃなくても別によくて、ひとまず引かずにどっしり構えていてくれることがありがたいんですよね。それが担当編集者だったりすると「このひととは絶対にいい本を作れるぞ！」と思ったりして。突然の弱味披露にビビらない相手とは、プライベートでも仕事でも、俄然バディ感が出てくる。だからわたしも、知人友人の突然のアクシデントには、なるべくビビらないでいたいなと思っています。

話を戻しましょう。『ちびまる子ちゃん』のバディは、まる子★とたまちゃん

情を確認して終わる。

★おかもっちゃん（夫）が草野球仲間と…40過ぎても頻繁にトミヤマ家の話題に出てくる「おかもっちゃんの草野球仲間」。男子は一体いくつまで野球をするんだろうか。でも、サッカーやフットサルだと、体力的に40代ではできなくなるだろうから、いくつになってもできる野球というスポーツが逆に尊いのかもしれない。

★まる子…小学3年生の女の子。めんどうくさがりやで楽天家だが、優しい一面もある明るい主人公。作者であるさくらももこがモデルのため、昭和の小学生像。あまりにも印象的だったTARAKOさんの後、まる子の声を務めるのは声優の菊池こころさんに決定。このまる子もいいと好評。

こと穂波《ほなみ》たまえ★です。フジテレビの公式サイトによると「まる子の思いつきや発言をいつも真剣に受け止めてくれる優しくまじめな性格」とあり、この時点でもうバディ確定です。やんちゃな相棒に困りながらも決して突き放さないのは、バディもののお約束ですからね。

まる子は社交的な性格なので、たまちゃんを最愛のバディとしながらも、別の生徒とも仲良くしています。かなりクセの強い野口さん★とでさえ、お笑いを愛する同士として親しく付き合っています。広い意味での親友候補は複数いそうなまる子ですが、最後はたまちゃんのところに戻ってくるのです。お互いを唯一無二の親友と決めて、絶対によそ見をしない、みたいなパターンもありますが、親しいひとは他にもいるけどこのひとはやっぱり特別、と思い合える関係の方が、バディとして強いのかも。ちょっとやそっとでは相手への信頼が揺るがないあたりに、バデとしての胆力を感じます。

まる子とたまちゃんの友情物語と言えば、アニメ第2期第5話の「たまちゃん大好き」が有名です（あまりにもよくできた回なので、学校教育の現場でも教材として使われています）。ふたりが一緒にタイムカプセル★を埋めようとしますが、

★穂波たまえ…三つ編みと眼鏡がトレードマークのまる子の親友。ときどき心のなかでアルプスの少女・たみーに変身し、気持ちの整理を行う。

★かなりクセの強い野口さん…「クックックッ…」という笑い方が印象的な、お笑い好きでミステリアスなクラスメイト。「言えやしない、言えやしないよ」「し～らない。し～らない。知ってるけどしらんぷり」など、クセの強い口ぐせをもつ。年々キャラが濃くなっている気がする。

★タイムカプセル…1970年の大阪万博の際に5000年後の未来の人類へメッセージとして、さまざまなものやメッセージをまとめて地中に埋めたことをきっかけに、未来の自分へ、または誰かへ、手紙を書いて容器に入れ、タイムカプセルとして埋めることがはやった。

すれ違いが起こってしまい、計画が頓挫して……というストーリーです。仲よしのふたりがケンカをする珍しいエピソードとしても知られています。

最終的にふたりは仲直りをして、タイムカプセルを埋めます。そこには「たまちゃん大好き」「まるちゃん大好き」と書かれた手紙が入っているのですが、ふたりがそのことを知るのは、タイムカプセルを掘り出す何十年も先の話です。この「ほんとは好きなのに直接伝えない」というやり方もバディものでよくあるやつですね（個人的に大好物です）。

思うに、直接伝えなくても平気なのは、この先もずっと一緒にいるという確信があるからなんですよ。機が熟すのを待てること自体がものすごく特権的だと感じます。現実でもフィクションでもタイムカプセルを埋めている親友同士っていると思うんですけど、わたしには手の届かない贅沢ですね。なぜなら、小さいころから数年おきに転校を繰り返していて、地元と呼べる場所もなければ幼馴染みもいないので、その土地に埋めておきたいものがない（泣）。そういう人間からすれば、幼少期からの親友がそのまま人生のバディになり、それが未来まで続いていくなんて、とてつもなくスペシャルなことです。『ちびまる子ちゃん』は、基本的にのほほんとした庶民の話だと思われていますが、視点を変えて見れば、非常に尊い女バディの話でもあるのです。

2時間ちょっとで終わるバディ映画なら、あるいは、1冊で完結するバディ小説なら、派手な事件を用意するなどして、ふたりの絆を描く手法を採るでしょう。しかし、何十年も続く放送の中で、永遠に歳をとらないこの子どもたちは、終わらない日常を生きるしかありません。派手な展開や毎度のケンカは、彼らには少々ドラマティックすぎるのです。

日曜夜のバディたちは、なんでもないような日常の中で、相棒への愛情を育んでいきます。「野球しようぜ！」という誘いも、「大好き」と書いた手紙を埋めることも、バディへの愛情表現としては婉曲的《えんきょくてき》です。でも、それでいいのです。ひとはなんでもない日常を生きながらゆっくりとバディになれる。そのことを、ふたつの国民的アニメは教えてくれます。

4章

「イカゲーム」は切なすぎるバディものである

熱量が違うふたりの関係はこじれがち

Netflix★オリジナルの韓国ドラマ『イカゲーム』★。視聴者数は2021年10月時点で1億4200万世帯に達し、ネトフリ史上最大のヒット作となりました。米国テレビ芸術科学アカデミーが主催する74回プライムタイム・エミー賞では、主演のイ・ジョンジェ★が主演男優賞（ドラマ・シリーズ部門）、ファン・ドンヒョク★監督が監督賞（ドラマ・シリーズ部門）を受賞し、非英語圏および韓国作品としては、初の快挙を成し遂げました。作中に登場するジャージも注目の的で、ハロウィンにはジャージ姿のひとが街に大勢現れるなど、もはや単なるブームを通り越して社会現象になったと言ってもいいほどでした（米ニューヨーク州の学区では、暴力を美化する懸念があるとして児童・生徒の仮装が禁止されたそうです、すごいですね）。

主人公であるギフン★は、借金まみれのギャンブラー。自動車メーカーに勤めていましたが、大量解雇の憂き目に遭い、ついでに離婚も経験し、いまは老いた母とふたり暮らしです。母の虎の子に手をつけるなど、金が絡むとまるでダ

★Netflix…米・Netflix社が提供する有料動画配信サービス。190以上の国々にサービスを提供し、登録者は2億人を超える。日本へのサービスは2015年の秋から開始された。事業開始当初は延滞料金のない定額制のDVDレンタル事業を行っていたが、いち早くストリーミングサービスに移行して大成功した。インドア派には、もはや欠かせないインフラ。

★『イカゲーム』…2021年9月17日に公開された、ファン・ドンヒョク脚本・監督のNetflixオリジナルの韓国のドラマ。残酷なサバイバルゲームという設定と過激な暴力描写に世界中が驚愕。大ヒットした。第2シーズンの制作はすぐに決まったものの3年近くたっても公開されない不思議。

メなのですが、お人好しで共感力が高い「いいヤツ」としての顔も持っています。

そんなギフンが、正体不明の組織から招待を受け、とある孤島へ向かいます。そこにはギフン同様、多額の借金に苦しむ人々が大勢集められていました。私物を回収され、お揃いの緑ジャージを着せられた彼らの前に、赤いつなぎを着た「進行係」の集団が現れます。黒い仮面をしているせいで、その表情はまったくわかりませんが、とにかく彼らの指示に従うしかないようです。

やがてギフンたちが孤島に集められた理由が明らかになります。いくつかのゲームに挑戦し、最後まで勝ち残れば４５６億ウォン（配信当時の日本円にして約43億円）の賞金が手に入るというのです。おいしい話のようにも思えますが、そんなことをして主催者側に一体なんのメリットがあるのか、よくわかりませんよね。慈善事業のはずもないし、はっきり言って怪しすぎる。多数決によってゲームへの不参加を決め、一度は元の生活に戻ったギフンたちでしたが、再び組織からの招待状が届くと、その多くが孤島へと戻っていきました。借金まみれの人間にとって、ヤバそうなゲームに挑戦するのも地獄なら、元の世界で

★イ・ジョンジェ…１９７２年・韓国生まれの俳優。韓国で最も権威のある青龍映画賞を当時最年少で受賞するなど、国内では実力派のトップスターとして知られていたが、『イカゲーム』後は世界中で人気に。エミー賞や全米映画俳優組合賞などを受賞。ゴールデングローブ賞のドラマ部門、男優賞にまでノミネートされた。担当編集は大泉洋に似ていると思うのだが、誰にも賛同を得られない。

★ファン・ドンヒョク…ソウル大学を出た後、南カリフォルニア大学で映画作りを学んだというエリート監督。『イカゲーム』は脚本も監督も自身が務めて大ヒットしたものの、Netflixとの契約により、金銭的恩恵はまるでなかったらしい。

★ギフン…韓国の俳優、イ・ジョンジェが演じる『イカゲーム』の主人公。

★サンウ…韓国の俳優、パク・ヘ

借金取りに追われるのも地獄。ならば、一攫千金が狙える地獄を選ぼうというわけです。

こうしてはじまる生きるか死ぬかのデスゲームが『イカゲーム』の見どころではあるのですが、すっかりバディ脳になっているわたしから言わせれば、本作はとても哀しいバディものでもあります。バディになりそうでならない、バディを求めながらも得られない、そんな人々の物語として観ると、作品のより深いところまで潜っていけると思うのです。

ギフンは、参加者の中に幼馴染みのサンウ★（パク・ヘス★）の姿を発見します。ソウル大卒のエリートであるサンウは、証券マンとして働いていましたが、先物取引で大失敗。その穴埋めをしようと会社の金を横領し、いまや警察に追われる身です。ギャンブルのせいで借金まみれのギフンなんてかわいいもんだなという感じですね……。ギフンにしてみれば、知らないひとばかりの場所で幼馴染みを見つけたのですから、ホッとしたでしょうし、そのひとがソウル大卒の頭脳派★となれば、一緒に行動したいと考えるのは当然のことです。ギフンは

スが演じる主人公の幼馴染で最大のライバル。

★パク・ヘス…1981年・韓国生まれの俳優。『イカゲーム』での好演により、一気に全世界に知られた。編集担当は、『刑務所のルールブック』のパク・ヘスが好き。

★ソウル大卒の頭脳派…ソウル大学校は韓国の国立大学。The Times Higher Educationが公表している、「World University Rankings 2023」では第56位にランクイン。韓国の大学でトップであり、日本における東大にあたる。ファン・ドンヒョク監督の出身校という恐ろしさ。

サンウを相棒とすることに、なんの迷いもありません。

一方のサンウは、仲間を信じ切れずにいます。ギフンを筆頭に、外国人労働者のアブドゥル★（アヌパム・トリパシ★）や、脱北者のセビョク★（チョン・ホヨン★）などとチームを組み、リーダーとしてみんなを導いていくサンウですが、仲間と一緒に行動する中でどれだけ絆が強くなろうとも、いざとなれば裏切る気まんまんなのです。アブドゥルを騙すシーンがまさにそう。アブドゥルって、誰よりもサンウを尊敬していた人物なんですよ。それなのにサンウは、観ているこちらが引いてしまうほど簡単に裏切るんですよね。アブドゥルが気の毒すぎる！

作中でサンウがやっているのは、仲間内で「バディらしきもの」を作っては壊すことの繰り返しです。相手から信頼され、尊敬され、強い絆が育っているのに、時が来ればいともあっさり裏切る。それはエリートならではの冷徹さというより、強烈な人間不信からくる孤独を思わせるものです。みんなと一緒にいるのに、心はいつもひとりぼっち。あと一歩で仲間を信じられそうなのに、その一歩がどうしても踏み出せない。彼の明晰な頭脳を持ってすれば、仲間た

★外国人労働者のアブドゥル…韓国の俳優、アヌパム・トリパシが演じる外国人労働者役。日本と同様に、韓国でも人手不足に頭を抱え、外国人労働者の受け入れを積極的に行っているそうで、2021年時点で約38万人の外国人労働者が韓国で就労していた。ただ、労働環境は整っているとは言い難い状況で、その上下関係の厳しさはアブドゥルのサンウに対する態度からも見て取ることができる。

★アヌパム・トリパシ…1988年生まれ・インド出身の俳優。韓国に留学して韓国語をマスターした後、いくつかの韓国ドラマに出演。大きな役に恵まれずにいたが、『イカゲーム』で世界中の注目を浴びることになった。ヒンディー語、英語、韓国語を喋れる俳優なので、これからワールドワイドで活躍する可能性も。

★脱北者のセビョク…韓国の

ちと手を取り合って生き延びる方法を思いつけたかもしれないのに。そう思うと悔しくてなりません。

最後のゲームだってそうです。詳しくはドラマを観ていただきたいのですが、ギフンが幼馴染みと共に生きる未来を選択する一方で、サンウはそれを拒絶してしまうんですよ。幼馴染みバディとして最後のゲームに勝てれば、めちゃくちゃスカッとするのに、そうはならないんですね。その結果、ギフンだけが勝ち残り、賞金を手に入れることには成功するものの、勝利の味に酔いしれることはできず、それどころかお金では埋められない喪失感が漂いまくります。

仲間に情が移りがちで、賞金もみんなと山分けしようと考えるギフンと、人間不信でどこまでも孤独なサンウ。ふたりが正反対のキャラクターだからこそ、物語としてはおもしろいのですが、バディものとしてはあまりに切ない展開が待っているというわけです。

いつだって「バディらしきもの」止まりで終わってしまうサンウを見ていると、他者を信じられない人間は誰とも繋がれないのだなと痛感します。もちろん、バカ正直に信じて裏切られることもあるので、やみくもに信じるのはどう

俳優、チョン・ホヨンが演じた。2020年までで約3万3500人の北朝鮮人が韓国にわたったと見られている。

★チョン・ホヨン…1994年・韓国生まれのモデル、俳優。キャリアのスタートとなったモデル業で大成功し、2024年8月時点のInstagramのフォロワー数は1800万人超。『イカゲーム』での演技も評価されて全米映画俳優組合賞女優賞を受賞。エミー賞にもノミネートされるなどし、アメリカのドラマにも出演が決まっている。

かと思いますが、他者を信じたいという気持ち自体は持っておかないと、他者に対して「こいつは使える／使えない」みたいなことしか考えられなくなり、人間関係がどんどん空疎に……。でも、こういうひとって会社組織に必ずいますよね。ひと当たりはそこまで悪くないんだけど、社員をコマとしか思ってないのが徐々にバレていく上司とか社長をいろんな組織で見かけます。最初から「所詮お前らはコマなんだ！」と言って憚《はばか》らない暴君タイプなら、こっちも割り切って付き合えばいいだけなのですが、そうじゃないから、なんか騙された感じになってしまい、関係がこじれるんですよねえ。

　利用価値だけでひとを判断すると、ロクなことにならない。他人を信じるのが怖いというのも、わからないではないですが、人間ひとりでやれることって、実はそんなにないですし、どうせ他人と協働しないといけないのなら、相手を信じられる方がいい。人間不信を乗り越え、他人を信じてこそ、実りある人間関係が築かれていくのだと思います。

『イカゲーム』では、セビョクとジヨン★（イ・ユミ★）の女子ふたりが醸しだす

★ジヨン…韓国の俳優、イ・ユミが演じた。

★イ・ユミ…1994年・韓国生まれの俳優。大きな役にめぐまれずにいたが、『イカゲーム』での好演で有名に。2022年に同じくNetflixオリジナルで配信されたゾンビドラマ『今、私たちの学校は…』ではイ・ナヨンという、裕福な家庭で育ちながらも仲間を信じられずに状況を引っ掻き回す役を演じ、嫌われ役を全うした。

束の間のバディ感も、見所のひとつです。

脱北者であるセビョクは、弟と暮らす家を手に入れ、故郷に取り残されたままの母親を連れてくるための資金を必要としています。一見クールな印象ですが、賞金獲得に懸ける思いは人一倍熱いです。一方のジョンは、はっきり言って覇気がありません。お金が欲しくて燃えているわけでもなければ、死ぬのが怖くて怯えているわけでもなさそう。なんだか虚《うつ》ろな女子です。まあ、虚ろなままデスゲームに参加しているというのが逆にすごいわけですが。

集団で取り組まないといけないゲームが始まろうとしているのに、会場のすみっこにぽつんと佇むジョン。そこにセビョクがやってきて「一緒にやろう」と声を掛けます。しかしなぜセビョクはやる気のなさそうなジョンを誘ったのでしょう。セビョク自身はのちに「やってくれそうな人がいなかったから」と語っていますが、本心かどうか、ちょっと怪しい気がします。これまで男だらけの環境で過ごしてきたセビョクですから、男と組んでもよかったはず。でも彼女はジョンを誘ったのです。そしてそれは、セビョクに初めて同性&同世代の相棒ができたことを意味しています。

セビョクに選ばれたことでジョンにも変化が生じます。やる気のなさそうな態度から一転、セビョクを「勝たせてあげる」とまで言い出すのです。ジョンを見ていると、まるで賞金獲得よりも大事な目標を見つけたかのようです。これまでの人生がハードモードすぎて自暴自棄にならざるを得なかったジョンにとって、セビョクの存在はいまこの瞬間を前向きに生きる理由たり得たのでしょう（ジョンにはDVの果てに母親殺害へと至った父親をナイフで刺し殺した過去があります）。

こうしてふたりは最強の女バディになる……かと思いきや、次のゲームが二人一組でビー玉遊びをして、負けた方が死ぬやつだったために、いきなり相棒を失うことが確定してしまうのでした。せっかく相棒が見つかったのに、なんてことだ。

ビー玉遊びのルールを自由に設定してよいことが判明すると、ジョンは一発勝負で決めようと提案します。そして、余った時間を使って「誰にも言えなかった話」をしはじめます。どうせ死ぬのなら、自分が生きていた証を、誰かに覚えていて欲しい。それは死にゆく者の思いを生き残った者が引き受けることも意味しています。こうしたシチュエーションは、戦場を舞台にした作品などによく出てきますが、戦闘服に身を包んだ男性兵士ではなく、ジャージを着た女の子がそれをやっているというのが、表現として新しいというか、もはや男だけが戦う時代ではないことを示唆していて、非常に興味深いです。

　女性参加者の中では、女の武器を使って勝負した詐欺師のミニョ★も忘れがたいです。とにかく強い者と組みたくて、ギャングの親玉ドクス★に目をつけ、体まで差し出したにもかかわらず、途中で仲間はずれにされてしまいます。そのことに恨みを募らせた彼女は、ドクスを道連れにして死ぬことを決めるのでした。

「最後まで一緒だと言ったでしょ？」「裏切ったら殺すと言ったはずよ」……こんなセリフでドクスをビビらせたミニョは、相棒をきつく抱きしめたまま、高い高いガラスの橋から、地面へと落下していきました。半端な気持ちでミニョを引き入れたドクスは、きっと後悔したことでしょう。でもそれは、相手を軽く見すぎというものですよね。

　誰かと相棒になるとき、お互いを思う熱量がつねに同じとは限りません。こ

★ミニョ…1976年・韓国生まれの俳優、キム・ジュリョンが演じた。女を武器にして生き延びようとするも、逆に利用されて裏切られる悲しい役。でも、ただで死なないミニョの最期に思わず拍手した視聴者は多かったはず。

★ドクス…1977年・韓国生まれの俳優、ホ・ソンテが演じた。ドクスは非常にあくどいコワモテキャラクターだったが、演じるホ・ソンテは名門・釜山大学校を卒業した頭脳派。この役をするにあたって体重を17キロ増やしたらしい。

ちらが冷めたからといって、向こうも冷める保証などないのです。そこに色恋が絡めばなおのこと。男女バディをこじらせると大変なことになる。それがミニョから学ぶべき教訓です。うるさくてめんどくさい女ではあるんですが、最後まで自分を貫き通した誇り高き彼女には、ぜひ天国に行ってほしいと思います（ドクスは自業自得なので地獄行きでいい！）。

「熱量が違いすぎて揉める」というのは、現実の世界でも起こりがちな現象です。こちらは相手のことをかなり大事に思っているのに、相手はそうでもない。そうなってしまった原因がわかっていればいいんですが、全然わからないときもある。ちなみにわたしは、10代のころ、とても仲の良かった友だちを遠ざけてしまったことがあるんですが、そのきっかけは、相手がわたしの持ち物を真似するようになったことでした。相手の熱量がすごすぎて引いてしまったんですよね……。わたしを好きでいてくれるからこそなのはわかっていたけれど、どんどんわたしに似てくる友だち★が怖くて仕方ありませんでした（双子コーデなどで友情を深める世代ではなかったのもあってホントに怖かったんです）。真似されると引いてしまう体質はいまも変わっていないため、おかもっちゃんと結婚

★どんどんわたしに似てくる友だち…怖すぎるトミヤマさんの体験だが、思い出すのは映画『ルームメイト』。そっと距離を置いて正解だった…！

するときも、デザインの違う結婚指輪を選んでしまいました。結婚指輪の意味とは？って感じですよね、すみません！

『イカゲーム』のバディと言えば、イルナムおじいさん★についても書いておかねばなりますまい。彼は参加者の中でも群を抜いて高齢な上に、脳の病気も持っています。そんな彼を気遣うのは、心優しいギフンだけです。ゲームの種類によっては年の功が活きることもありますが、デスゲームで勝つための戦力として、病弱な老人というはやはり不利です。そんなわけで、イルナムを巡る物語にはつねに「弱者が相棒を得るにはどうすればいいか」という問いがついてまわります。

本当のイルナムはどえらい金持ちで、このデスゲームを裏で操っている張本人でもあります。ふだんは圧倒的な権力＆財力によって、多くのひとを従わせることが可能な立場にあるのです。しかし、ゲームに参加するときは、ひとりの名もなきおじいさんでしかありません。そうなるともう、他者から手を差し伸べられるのを待つしかなくなります。ギフンだけが老人を気にかけ、一緒に

★イルナムおじいさん…1944年・韓国生まれの俳優、オ・ヨンスが演じた。オ・ヨンスは『イカゲーム』で2022年のゴールデングローブ賞、テレビドラマ部門、助演男優賞を受賞した。その後、強制わいせつ容疑で起訴された。

ゲームをしようと誘いかけますが、これはもうイルナムの力でコントロールできるものではありません。ギフンの優しさはまさに天恵。受け身で待つことでしか手に入らないものです。

イルナムを見ていると、弱者が相棒を得ようとするときは、自分から動こうとするよりも、誰かが来るのを待った方がいいのかな、と思うのですが、待つという受け身の行為は、ときに「甘え」とみなされたりもしますよね。とくに自己責任論が幅を利かせる現代社会において、自分で考え行動しない人間は、批判の対象となりやすい。しかしながら、甘えから来る依存心と、弱い自分を認めた上で、他者と共闘するべく受け入れ体制を整えるのとでは、意味合いが違います。そしてイルナムは、デスゲームの参加者になるという経験を通じて、この違いを知る機会を得たのだと思うのです。

ラスト近く、イルナムはギフンに「君はまだ人を信じるのか？」と問うています。信じることを諦めないギフンに否定的だったイルナムが、ひとを信じたいと思いはじめているようです。それは、ギフンと出会って、ギフンに信じてもらったからこそ芽生えた感情でしょう。デスゲームという極限状態にあっても弱者を見捨てず、信じるひとがいるという事実。それがイルナムに変化を起こしました。しかし、迫りくる寿命は、彼の変節が完了するのを待ってはくれません。こうしてイルナムは、ギフンと真のバディになり切れぬまま この世を去ることになりました。

ギフンが最後に見たイルナムは、自分の正体を隠してデスゲームに参加し、ほんのいっときバディ未満の相棒、ちょっとした遊び仲間を手に入れただけの、エゴイスティックな老人でした。息を引き取ったイルナムのまぶたをギフンが閉じてやることなくその場を去ったのは、彼なりの抗議に思えます。お前は俺のバディじゃない。お前のまぶたに触れる優しさを、俺は差し出さない。そんなメッセージが感じられます。とても静かで、決定的な破局です。

『イカゲーム』には、完成しそうでしない、いくつものバディが存在しています。「バディもの」というと、どうしても「バディになって活躍すること」が前提のように思ってしまいますが、不完全なバディのありようをさまざまに描いた本作もまた、立派なバディものと言っていいんじゃないでしょうか。まあ、観れば観るほど切なくなるバディものではあるんですが……。でも、それでいいと思うのです。切ないと感じられるのは、心のどこかで他者を信じたいと思う気持ちがあればこそ。裏切り裏切られることに疲れても、いつか誰かを信じられるかもしれない。人間不信に陥りがちな現代人に一縷《いちる》の望みを与えてくれるのが『イカゲーム』という作品なんだと思います。

5章

愛より恋より大人の女バディが欲しい

限定一席のスペシャルシートに座るのは誰？

女の友情、女の連帯。幼いころに『赤毛のアン』★を読んで、その尊さに開眼したひとは多いのではないでしょうか。わたしもそのうちのひとりです。

グリーン・ゲイブルズにやって来るまで、あまりに孤独すぎて、ガラス戸に映る自分や谷から返って来るこだまを女の子の友だちに見立てていたアン（涙ぐましすぎる！）。そんな彼女にとって「腹心の友（a bosom friend）」となることを誓ってくれたダイアナは、本当に特別な存在です。一方、小さい妹しか同性の遊び相手がいなかったダイアナにとっても、アンの登場は歓迎すべきものでした。ちょっと大袈裟に言えば、ふたりの出会いとは、孤独な魂の邂逅《かいこう》です。ただご近所さんだから仲良くなったのではなく、お互いがお互いを求める理由がちゃんとあったのです。これぞ真の親友、女バディ成立の条件と言えるでしょう。

しかしながら、みなさんご存じの通り、『赤毛のアン』はフィクションです。彼女たちは物語の中にしか存在しません。現実の世界に住まう小学生時代のわ

★**『赤毛のアン』**…1908年にカナダの作家、ルーシー・モード・モンゴメリが発表した小説。孤児院にいたアンが、グリーン・ゲイブルズに住む老兄妹に引き取られて一緒に暮らす5年間を描いた。お嬢さん育ちのダイアナと孤児院育ちのアンでは違いすぎると周囲の大人は心配するが、おせっかいなアンの魅力で、ダイアナとは周囲も認める唯一無二の親友となる。シリーズは訳者ちがいで複数冊あり、スピンオフも数冊ある。昭和世代は、ハウス食品提供の「世界名作劇場」のアニメで見た人も多いはず。

たしは、それを遠くから羨ましく眺めることしかできませんでした。

プリンス・エドワード島のアンに憧れる神奈川県のユキコは、ごく平凡な小学生でしたから、自分にとってのダイアナを見つけて「親友になりたい！」と思っても、なかなかうまくいきませんでした。しかもユキコは転勤族の娘でしたので、仲良くなりたい女の子にはすでに幼馴染みがいたり、せっかく親友になれそうな子が見つかっても、度重なる引っ越しで疎遠になったりしました。もうダメや……わたしには手の届かない夢なんや……。女バディのことを考えるのはもうやめよう。諦めるのにそう時間はかかりませんでした。

ところが。1996年、高校2年生になったユキコは、日本のエンタメ界に突如として現れた女バディに激しく心奪われることになります。「もうダメや」とか言っていたけど、心の奥底ではまだ諦めていなかったのかもしれません。しかも今度はフィクションじゃありません、本当に実在するのです。

その女バディの名は、PUFFY★。96年の5月に奥田民生★プロデュースでCDデビューした女性ボーカルユニットです。亜美ちゃんと由美ちゃんは、姉妹のような雰囲気だけれど、姉妹でもなければ、古くからの音楽仲間でもあり

★PUFFY…吉村由美と大貫亜美で構成される音楽ユニット。奥田民生がプロデュース&作曲、作詞が井上陽水ということでも話題になった「アジアの純真」でデビューした後、「これが私の生きる道」「サーキットの娘」「渚にまつわるエトセトラ」などヒット曲を多数送り出す。2022年にはTikTokで「愛のしるし」に合わせた振付動画が話題となり、「TikTok流行語大賞」特別賞が受賞されるなど、今なお愛されている。

★奥田民生…1965年生まれのミュージシャン。通称、たみお。1987年にユニコーンでメジャーデビューし、1994年からソロ活動を本格化。PUFFYや木村カエラのプロデュースを手がけるなど、幅広く活躍している。もうすぐ還暦とか信じられない。

★同じ事務所…奥田民生も所属する事務所、ソニー・ミュージックアーティスツ。

ませんでした。同じ事務所★にいた者同士が、たまたまPUFFYになるため出会ったのです。つまりはビジネスパートナー。だけどふたりはデビュー当初からとてつもなく仲良しでした。テレビの画面ごしにも、ふたりのノリとか好きなものがかなり似ているのがわかりました。

その印象は、25周年を迎えた今も変わりません。由美ちゃんが「世間的には『2人組は実は仲が悪い』とか言われがちじゃないですか。でも私たちは25年間、仕事で移動する時はいつも席が隣。ここまで一緒にいると、私たちのほうがおかしいのかもって（笑）」と言えば、亜美ちゃんが「一緒にいて一番楽。海外旅行へ行きたい人ナンバー1です」と答えるのです。

こんな人たちが、本当にいるのか……いるんですよこれが。実際、大学生時代のわたしは、ふたりがお買い物をしているところに出くわしたことがあります。マネージャーさんもつけず、ふたりきりで楽しそうにお洋服を選んでいるのを見て、「ああ、仲がいいっていうのは本当なんだ！」とめちゃくちゃ感動しました。仕事で出会って、プライベートでも意気投合。幼馴染みじゃなくても、唯一無二の関係になれる。これぞ大人の女バディ。ひょっとしたらわたし

★阿佐ヶ谷姉妹…渡辺江里子と木村美穂で構成されるお笑いコンビ。叶姉妹とならぶビジネス姉妹。劇団で知り合い、2007年にコンビ結成。ピンクのドレスの衣装を身にまとい、歌でボケやツッコミを行うという独特のスタイルで人気を獲得。顔立ちは全然違うのに、髪型と眼鏡をそろえるとものすごく似ているように見えるという、人の視覚のいいかげんさを衝いてくる外見をしている。

★『阿佐ヶ谷姉妹ののほほんふたり暮らし』…2021年、11～12月の月曜夜10時45分～放送された、ふじきみつ彦脚本の連続テレビドラマ。阿佐ヶ谷姉妹の同名エッセイが原作。渡辺江里子を木村多江が、木村美穂を安藤玉恵が演じた。阿佐ヶ谷姉妹の公式アメブロでは「とうもろこしを食べるみほ」の写真とともにドラマ化決定を報告した。

★由紀さおり&安田祥子姉妹

にも、この先、相棒が見つかるかもしれない。というか、仕事で出会ってもいいなら、むしろこの先の方がチャンスがある。諦めなくてもいいんだ。いつか叶ったらうれしい夢として、心の隅に置いておいてもいいんだ。若き日のわたしにそう思わせてくれたふたりには、心から感謝しています。

――などと、改めてPUFFYの素晴らしさに感動していた矢先、NHKで阿佐ヶ谷姉妹★のドラマ『阿佐ヶ谷姉妹ののほほんふたり暮らし』★が放送されました。このコンビ芸人も、いい塩梅の公私混同ぶりで知られています。江里子さんと美穂さんは、姉妹のようにそっくりだけれど、血縁関係はありません。自分たちでも「ビジネス姉妹です」と言っているくらいです。もともと六畳一間のアパートで共同生活をしていましたが、今は同じアパートのお隣さん同士として暮らしています。一応、生活空間は分かれたけれど、ご飯などは一緒に作って食べるらしいです。ほんとに仲がいいな。仕事での息もピッタリ。由紀さおり&安田祥子姉妹★を崇拝するふたりがハモると、笑っちゃうくらい上手いし、「細かすぎて伝わらないモノマネ」★をやれば、これまた最高の仕

…こちらは正真正銘の姉妹で構成された音楽ユニット。それぞれ歌手活動はしていた二人だが、1982年より姉妹での音楽活動を始める。第42回菊池寛賞（日本文学振興会）など、多数の受賞歴があり、童謡といえば必ず名前があがる二人として、地位を確立した。

★「細かすぎて伝わらないモノマネ」…2018年までフジテレビ系列で放送されていたバラエティー番組『とんねるずのみなさんのおかげでした』内の人気コーナー（現在は番組から独立して特番枠で放送されている）。阿佐ヶ谷姉妹のブレイクのきっかけとなった。阿佐ヶ谷姉妹は2016年の「第22回細かすぎて伝わらないモノマネ選手権」にて優勝。優勝時のネタは「〇〇にいる人」シリーズだった。玄関を開けると宗教勧誘らしきおとなしい主婦二人が立っていて、『今、幸せですか？』と声をそろえて聞いてくる構図は確かに笑えるのだが、ちょっと

上がり。この女バディ感、PUFFYに負けず劣らず魅力的です（ちなみにPUFFYと阿佐ヶ谷姉妹はほぼ同世代です！）。

ドラマの中でも描かれていましたが、美穂さんはひとりっ子で、自分の時間&空間を持ちたいタイプ。だから、ときどき相方の江里子さんがわずらわしく思える「江里子過多」状態になります。わたしもひとりっ子なので、この感覚はよくわかります。ひとりに慣れていて、ひとりが好きだから、そういう時間がないと息ができなくなるのですよね。しかし、かといって、他人をずーーっと遠ざけていたいのかというと、そうでもないんです。一緒に生きていく相棒がいるのはうれしい、でもたまにはひとりになりたい。わがままかもしれないけど、そんな風に考えてしまう。これは直したくてもなかなか直らない思考の癖なので、美穂さんに「過多だ」と言われてもめげない江里子さんは本当に素晴らしいし、器がでかいなと思います。

ドラマの中に、こんなセリフが出てきます。「私も、私にとっての江里子や美穂に出会えてたら人生違ってたかもなって、2人を見てると思っちゃうもん」……これは、かつて阿佐ヶ谷姉妹のふたりと同じ養成所★に通っていた仲間

怖い。

★同じ養成所…劇団東京乾電池の研究所のこと。東京・下北沢に拠点をおく劇団で、座長は柄本明。近年大人気の江口のりこもこちらの劇団所属。

★久保ミツロウ…マンガ家。1996年に『mimi』で「しあわせ5はん」でデビュー。『イブニング』で連載された「モテキ」がドラマ化、映画化され大ヒットした。男性誌に連載するため男性名のペンネームを使っていたが、タモリに会いたいという理由で「笑っていいとも」出演を快諾。テレビ生出演で女性と明かし、話題になった。

★能町みね子…文筆家・マンガ家。2006年にブログを元にした『オカマだけどOLやってます。』でエッセイストとしてデビュー。多くの連載をもち、相撲通としても知られる。

★千早茜…1979年生まれ

のセリフです。彼女もまた、大人の女バディの尊さに気づいているのでしょう。仕事とプライベートを切り分けず、むしろ清濁併せ呑むようにして生きていける相手がそばにいるとしたら、それはすごいことなのです。

　のほほんとした印象に騙されてはいけません。あの姉妹は、奇跡に近い、ほんとに稀有な女バディ。これからも阿佐ヶ谷の町と芸能界を行ったり来たりしながら、ずっとずっと愉快に生きていって欲しいです。

　わたしがグッとくる女バディたちは、みんな大人になってから出会い、仕事も一緒にしています。久保ミツロウ★（マンガ家）&能町みね子★（マンガ家、エッセイスト等）の「久保みね」コンビに、食いしん坊で知られる千早茜★（小説家）&新井見枝香★（元書店員、踊り子）の「胃が合う二人」★、あとは、ジェーン・スー&堀井美香の「OVER THE SUN」★コンビもいますね。阿川佐和子と檀ふみ★、吉行和子と冨士眞奈美★なんかもすてきだなあ。

　仲よしこよし、いつでもベッタリ、何もかもを共有する子どもっぽいくっつき方ではなく、違うところは違うまま、「ここぞ！」という一点で結束するの

の作家。2008年に『魚』で第21回小説すばる新人賞を受賞し、デビュー。2023年には『しろがねの葉』で第168回直木賞を受賞。

★新井見枝香…1980年生まれのエッセイスト・踊り子。書店員時代に芥川賞・直木賞と同日に発表する「新井賞」を発表するようになり、注目を集める。「新井賞」の最初の受賞作は千早茜の『男ともだち』。カリスマ書店員として、著書も多い。

★「胃が合う二人」…「胃袋のソウルメイト」と称するほど、食への思いや好みが合致する二人は2021年に新潮社より共著エッセイ集『胃が合うふたり』を出版。ともに食事をした11の風景を、それぞれの視点で描くWエッセイで、イラストは、はるな檸檬。

★「OVER THE SUN」コンビ…ジェーン・スーと堀井美香によるポッドキャスト番組。

が大人の女バディ。「ばらばらのままひとつになる魂」を感じられると、なんというか、元気が出ますね。ああ、いつか自分もこうなりたい。それが50代でも、老人ホームに入ってからでもいいから……。

担当編集のSさんに「女バディになる方法ってありますか？　男バディになるときとは、なにか違いますかね？」と訊かれたのですが、バチバチのライバル期間があまりなくて、合意ポイントがひとつあれば「細けえことはいいんだよ」の精神でタッグを組めている女バディが多いと感じます（逆に男バディの場合はバチバチを見るのも楽しい、という感じがしますね）。バチバチしないということは、比較したりマウントを取ったりしないということ。お互いを認め合うには、心に余裕がなければなりません。それから、愛だの恋だのの入りこむ隙がないのが、長続きする女バディの秘訣かもしれません。たとえば女バディの片方に、恋人ができようが、結婚しようが、ふたりの関係性は何も変わらないでしょう。女の相棒は、恋人と交換できるものじゃないのです。心の殿堂入り、限定1席のスペシャルシート。この玉座に、あなたなら誰を座らせますか？

まるでタイプの違う二人が、互いの好きなものを褒めあったり努力をねぎらったりしているのを聞いていると、自分もその仲間になったようで癒される。毎週金曜17時ころの配信のため、番組のスタートの言葉は「今週も、よくぞ、よくぞ、金曜までたどり着きました。本当にお疲れさん」。

★阿川佐和子と檀ふみ…長年の友人である、エッセイスト・阿川佐和子と女優・檀ふみ。知り合ったきっかけは、「作家の娘」「慶應義塾大学出身」「独身」と共通点が当時多かったことから。この二人も『ああ言えばこう食う』（1998年、集英社）など、食に関する共著エッセイ多数。

★吉行和子と冨士眞奈美…どちらも大女優でありながら、40年来の大親友というバディ。趣味の俳句も一緒にやっているそう。家も近所に住んで、80歳を過ぎても笑いあって話せる関大人の女バディが存在感を示すことは、社会的にも意味のあることだと思います。なぜって、『赤毛のアン』みたいな関係はしょせん作りごとで、実際の女同士はドロドロしている、仲がいいのは見かけだけ、みたいなくだらない偏見を蹴散らしてくれるからです。まあ、そういう女ふたり組もいるかもしれないけど、それは単なる「お友だち」。女バディの尊さにはぜんぜん及びません！

係性を維持しているなんて素敵すぎる！

6章

芸だけじゃなく人生まるごと見せてほしい！

今どきの芸人は舞台裏まで見せるべきか？

ここのところずっと、錦鯉★のことを考えています。もしかしたら恋かもしれません。

お笑いにあまり明るくない人間なので、2020年末のM-1グランプリ★で見た「CRまさのり★」というパチンコ台のネタをいたく気に入り、21年末のM-1優勝で完全沼落ちするという、かなりベタな流れで現在に至っています。パチンコを知らない人も大勢いるのにあのネタを選ぶなんて!と先輩芸人たちから言われたりしていましたが、あれはたぶんパチンコを知らなくてもおもしろいやつなので大丈夫です。

翌年のM-1★では、1本目に「合コン★」というネタをやった錦鯉ですが、「紙芝居屋さん★がくれる緑の水飴は田んぼの味がする」と言っていました。一体いつの時代の話だ。紙芝居屋さんも緑の水飴も経験してはいませんが、それでもやっぱりおもしろいと思いました。知ってる/知らないを超えたところに、錦鯉の笑いはあるのです。

★錦鯉…ボケの長谷川雅紀とツッコミの渡辺隆のお笑いコンビ。それぞれ別の相方とコンビだった時代、ピン芸人だった時代を経て、2012年にコンビを組んだため、コンビ結成15年以内の芸人しか出られないはずのM-1グランプリにまさのりさんは49歳で初出場した。もちろん、M-1史上最年長のファイナリスト。

★2020年末のM-1グランプリ…錦鯉は惜しくも決勝戦4位で最終決戦には進めず。とはいえ大きなインパクトを残し、2020年の年末からテレビに引っ張りだこになった。ちなみに最終決戦にはマヂカルラブリー、おいでやすこが、見取り図が進出し、マヂカルラブリーが優勝した。

★CRまさのり…ボケの長谷

そんなこんなで彼らが出演する番組はほぼ全てチェックし、語り下ろしエッセイ『くすぶり中年の逆襲』★（新潮社）も読みました。ふたりのSNSアカウント★も当然フォローしています。我ながら順調なハマりっぷりです。

考えてみれば、お笑い芸人というのはかなり身近というか、日常生活の中でなにかと目にする機会の多いふたり組です。テレビやラジオ★をつければ大抵そこにいますからね。対立構造に置かれながらも、これ以上ないほど融合しているボケとツッコミ。どんなに憎まれ口を叩こうとも、板の上（舞台）ではいつも一緒。他のひとでは替えがきかないことをお互いがわかっていそうなあの感じ——完全にバディの要件を満たしています。

友人の元芸人曰く、相方というのは、夫婦のようでもあり、夫婦以上の何かでもあるような、なんとも説明しにくい関係なのだそうです。たしかに、相方を会社の同僚のように思えるかというと、難しそうですよね。ビジネスライクな付き合いだけでは、おもしろいネタが作れない気がします。心理的な距離がかなり近くて、いいところも悪いところもわかった上で、一緒に生きていく、という意味では、たしかに夫婦が一番近いのでしょうが、そうは言っても、本

川雅紀がパチンコ台になりきるギャグ。パチンコ台にはさまざまな人気作品とコラボしたものが日々登場しているため、パチンコをたしなむ人にはよくわかるネタだが、パチンコをやらない人にはハードルが高いと思われ、M—1の決勝でこのネタを選んだことを先輩たちに怒られたという。

★**21年末のM—1**…最終決戦に進んだコンビは、ほかにオズワルドとインディアンス。錦鯉は決勝戦ファーストラウンドでは同率２位だったが、最終決戦では５票を集めた。

★「**合コン**」…20代が集まる合コンに50歳の長谷川が交じり、ボケ倒すという設定のネタ。っていうか、世の中に合コンってまだあるの？　マッチングアプリとかで出会うんじゃないの？　と、昭和芸人のネタを見ていると心配になる。

★**紙芝居屋さん**…トミヤマさ

当の夫婦ではないわけです。うーん、これは経験者じゃないとわからない未知の領域ですね。

わたしには腐女子★としてのセンスがないのでやりませんが、コンビ芸人に夫婦ではなくBLの要素を見出そうとするひともいます。腐女子たちはよく推しカプ（カップリング）がいる部屋の「壁になりたい」と言いますが、コンビ芸人もまた、部外者が立ち入れないふたりであり、近くで見たければ、壁になるしかないように思います。よきバディとそのファンの関係は、いつだって近くて遠いのです。

話を錦鯉に戻しましょう。ボケ担当の長谷川さんが、ブレイク時ほぼ50歳だったことも、彼らが注目される理由のひとつになっています。若くて勢いがあるうちにブレイクする芸人がほとんどだというのに、妙に初々しい中年が現れた。それがいい意味での違和感を醸し出しています。

「けっこう長く生きている」という事実は、意外と侮れません。なぜって、人生の重みが違ってくるからです。錦鯉っておもしろいなあと笑っているときも、

んと同い年だが、編集担当は紙芝居屋さんと何度も遭遇している。神奈川県川崎市という下町には、自転車の後ろに木枠に入った紙芝居を乗せて、公園に来るおじいちゃんがいた。紙芝居で子どもを寄せ集め、水あめを売りつけるという商法であるが、水飴は田んぼの味ではなかった（川崎には田んぼがなかったので田んぼの味を知らないだけかもしれない）。

★『くすぶり中年の逆襲』…M-1優勝直前の2021年11月に出版された。コンビ二人の著書になるため、会話形式で綴られている。カバーに使用されている写真の、「止まれ」と書かれた道路にたたずむ二人の表情がなんとも言えない。

彼らのずっしりと持ち重りのする人生を思ってしまうというか。ひょっとしたら、彼らは観客にただ笑って欲しいのかもしれない。遅咲きのサクセスストーリーなんて、笑いの邪魔だとすら思っているかもしれない。でも、どうしても、彼らの人生を思わずにはいられないのです。

最近はだいぶ落ち着きましたが、彼らを見て笑いたいのか、感動したいのか、よくわからなくなるときがありました。Ｍ－１で優勝したときも大号泣しましたし、「情熱大陸」★を見たときも泣きました。もはや感情の蛇口がバカになっていたので、汗だくになった長谷川さんの後頭部を渡辺さんが勢いよくはたき、細かい粒子になった汗がパーッと飛び散ったのを見ただけでジーンとしていました。まるでスポ根ドラマを観ているような感動があったんですよね。これまでコンビ芸人にここまで強い思い入れを持ったことはありません。ネタがおもしろければそれでよかったし、彼らの人生について考えたこともありませんでした。たとえばわたしはダウンタウン★がお笑いの世界を変えていくさまをリアルタイムで見てきた世代なんですが、彼ら個人に興味があるかと言うと、ぜんぜんないのです。さまぁ～ず★のコントも好きで、ＤＶＤを繰り返し観ていた時

★ふたりのX（**旧Twitter**）…長谷川雅紀@norinorimasa2、渡辺隆@takashi_watanab。

★ラジオ…「お笑いラジオアプリGERA」で毎週月曜20時から配信されている「錦鯉の人生五十年」。第１回のタイトルは「一文無し、参上！」。

★腐女子…アニメ・コミック・ゲーム関連の販売チェーン会社・アニメイトが運営するサイト「アニメイトタイムズ」の「初心者向けBL用語集」によれば、「分野を問わず、男性同士の恋愛を題材とした作品、いわゆるBLを好む女性のこと。婦女子（ふじょし）をもじったものである」とのこと。腐女子のセンスを手に入れると、さまざまな男子二人組がBLに見えて楽しめるらしい。有名なパロディとしては『スラムダンク』の流川と桜木などがあげられる。お笑い芸人もそうやってみれば、ありとあらゆる組み合わせが可能。

期もあるんですが、やっぱり個人を深掘りしようとまでは思わない。でも、錦鯉のふたりにはめちゃくちゃ興味がある。

もしかしたらそれは、彼らが幼馴染みとか、学生時代からの知り合いじゃないからかもしれません。付き合いの長いコンビだと、バディとしての安定感があるのは自明なので、それ以上追求しようとは思わないけれど（ダウンタウンは小学校、さまぁ～ずは高校からの付き合いです）、大人になってからコンビを組み、成功を掴んだふたり組については、どうやってバディになったのかが気になる、ということなのかも。大人になってからバディになるのが簡単じゃないと知っているからこそ、きっと特別な物語があるに違いないという期待感を抱くのだと思います。実際、錦鯉はコンビ結成までの紆余曲折がすごくあるんですよ。ふたりともいくつかのコンビ別れを経験してからピン芸人になっていたり、吉本芸人だったのを辞めていたりと、決して順風満帆ではなく、7歳下の渡辺さんから誘われたとき、長谷川さんは芸人引退を考えていたという……。ものすごくドラマがあるんですよねえ、このふたりには。

★「情熱大陸」…TBS系列で毎週日曜夜11時に放送されている人間密着ドキュメンタリー番組。錦鯉が出演したのは2022年1月9日放送回。密着ドキュメンタリーと言えば、「情熱大陸」も、NHKの「プロフェッショナル」もあるが、フジテレビ系列の「ザ・ノンフィクション」のやりきれなさが好き。

★ダウンタウン…兵庫県尼崎市出身、小学校時代からの幼馴染である松本人志と浜田雅功のコンビ。芸人さんの多くがこの二人に憧れてお笑いを始めました、と言っている。ちなみに、放送作家の高須光聖も同じ小学校の出身で、松本に誘われて放送作家になった。

★さまぁ～ず…東京都出身、高校時代からの同級生である三村マサカズと大竹一樹のコンビ。ウッチャンナンチャンのテレビ番組で「バカルディ」というコンビ名を改名させられたが、そこから人気が上がった。ゆるく仲良演芸の世界はヒューマンドラマと相性がいい。このことはNetflixオリジナル映画『浅草キッド』★を観ていても感じます。同作は、ビートたけし★の自叙伝を映像化したもので、監督は劇団ひとり★です。

主人公は芸人になることを夢見るタケシ青年。浅草で活躍する深見★を我が師匠と心に定め、修行をがんばるうち、いつしか師匠を上回る人気者になります。漫才ブーム★の波に乗り、スターダムをぐんぐん駆けあがっていくタケシと、昔ながらの芸の世界に留まり続けようとする深見。タケシの成功と、深見の凋落。残酷なまでのコントラストに胸が詰まります。

『浅草キッド』という作品は、芸人の表舞台と舞台裏を描くことで、各キャラクターを立体的に見せようとしています。そしてそれは、芸だけではなく、プライベートも含めた芸人の人生をまるごと見たいと願う視聴者の欲求に応えるものだと言えます。

芸人にプライベートを開示しなくてはならない義務はありません。プライベートなんて見せるもんじゃない、観客にはネタに集中してほしいと考える芸人も当然いるでしょう。それはそれでカッコいいのですが、舞台裏を見せられ

しなベースを崩さない、見ていると気分がよくなる二人。それより、ウッチャンナンチャンという名前もすごいと思うが。

★『浅草キッド』…2021年12月9日配信、Netflixオリジナルの映画。芸人・ビートたけし誕生にまつわる秘話を映像化した。1988年に太田出版から出版されたビートたけしによる同名の自伝がもとになっている。監督は劇団ひとり、タケシ役は柳楽優弥が演じた。

★ビートたけし…1947年生まれの漫才師、映画監督、俳優、画家、作家、歌手。漫才コンビ・ツービートとして漫才ブームを牽引したほか、数々の名物番組を生み出したスター。1989年公開の『その男、凶暴につき』から監督として映画を撮りはじめ、次作からは脚本も手掛けるように。これまでに19本もの長編映画を撮り、ヴェネツィア国際映画祭で金獅子賞を受賞したり、カンヌに招待さ

たわたしたちは、彼らの不器用さや人間臭さを知り、より深く愛することができるようになります。そんなの、笑いと感動のどっちも欲しい客のエゴだと言われれば、それまでですけど……。

板の上で活躍するひとのプライベートを見せるかどうかというのは、昨今のエンターテインメントを考える上で非常に大事な問題だと思います。世の中的には、バックステージも見せることが主流になってきています。これまで事務所に守られてきた芸能人がＳＮＳをやり、自身のプライベートについて書くのも、そうすることがファンを獲得し、繋ぎ止める上で非常に効果的だからです。

現代はスターと一般大衆との距離がこれ以上ないほど近づいている時代です。だとすれば、純粋に芸や技術だけを見てほしいと考える表現者にとっては、なかなかに厳しい時代だと言えるでしょう。コンビ仲が悪い芸人さんとか、大変なんじゃないですかね。自分たちのYouTubeチャンネルとかで偽りのバディ感を演出しないといけなくなっているコンビがきっといるはず。あ、これ、仮面夫婦とまるで同じですね。となると、その真贋《しんがん》を見抜いてやるぞと腕まくり

れたり、モスクワ国際映画祭で特別功労賞を受賞したりしているマルチな天才。映画『アキレスと亀』で使われている絵は、タケシの描いたもの。

★劇団ひとり…1977年生まれのピン芸人。芸人としての活動のほかに、俳優や作家としての一面ももつ。小説家デビュー作となった『陰日向に咲く』（幻冬舎、2006年）は100万部を超えるベストセラーとなった。2021年の東京オリンピックでは開会式の演出にも参加して視聴者を驚かせた。妻はタレントの大沢あかね。

★深見…深見千三郎（本名：久保七十二）のこと。1923年生まれの芸人。浅草で活躍し、ビートたけしの師匠として知られる。『浅草キッド』では大泉洋が演じた。

★漫才ブーム…1980年4月から開始されたテレビ番組「THE MANZAI」（フジ

をはじめる視聴者も当然でてきます。でも、それって、「バディ警察」みたいで、あまりいい気持ちはしないですが……。

錦鯉のバディ感に萌え倒しておいてあれですが、芸人のプライベートに立ち入るのもほどほどにしておかないと、芸人さんたちを追い詰めかねない気がしてきました。板の上でおもしろかったら、仲よしでも険悪でもいいという「建前」は、芸事の世界を抑圧しないために必要なのかもしれません。

テレビ）が火付け役とされる80年代の漫才ブーム。ツービートのほか、B&B（島田洋七のコンビ名。相方が4人代わったが、すべて同じコンビ名）などがこのブームで人気を高めた。

7章

新旧バディはココが違う

我々が感じる「エモさ」の源とは!?

バディものの歴史を辿ると、海外のコメディ映画に行き着きます。その多くはアメリカ映画であり、男性コンビが、ときにコミカルに、ときに男臭く、相棒との絆を深め、互いをリスペクトする様子を描いています。というわけで今回は、古典的なバディものが、現代のバディものとどう繋がり、どう切れているのかを概観してみたいと思います。

　１９３０年代から60年代にかけて、アメリカの映画界ではお笑いコンビによるバディムービーがたくさんヒットしました。その嚆矢《こうし》となったのが、ローレル＆ハーディ★。日本では「極楽コンビ」として人気を博したふたり組です。

　今回わたしが観たのは『ローレル＆ハーディ　天国二人道中』★（１９３９年）。お笑いコンビと言えば、対照的な見た目や性格が作りだすギャップが魅力のひとつですが、このふたりにもわかりやすいギャップがあります。小柄で気の弱いローレルと、太っちょで思い込んだら一直線のハーディ。体型も性格も正反

★ローレル＆ハーディ…１９２０年～１９４０年代を通して人気を博したアメリカのお笑いコンビ。チャップリンやバスター・キートンに次ぐ存在として、サイレント映画（無声映画）からトーキー映画（音声が映像にあわせて流れる現在の映画スタイル）に切り替わる時期にかけてコンビで多くの映画に出演し、活躍した。日本では映画の邦題から、「極楽コンビ」として知られる。

★『ローレル＆ハーディ　天国二人道中』…１９３９年公開、エドワード・サザーランド監督のコメディ映画。

対だけど、どんなときもずっと一緒の仲よしバディです。

本作はアメリカ映画ですが、物語の舞台はパリです。ふたりは休暇を利用してパリにやってきた旅行者という設定になっています。滞在中、ハーディ演じるベーブは宿屋の娘ジョーゼットに恋をします。その想いはどこまでも燃え上がり、プロポーズまでするのですが、あえなく撃沈。というのも、ジョーゼットには、すでに婚約者がいたのです。

傷心のベーブは、ローレル演じる相棒のスタンを道連れに入水自殺をしようとします。ふつうなら「相棒が失恋したからって、自分まで死ななきゃいけないの？」と思ってしまいそうなところですが、ベーブから「僕が死んだらお前はひとりぼっちだぞ／冷たい目で見られてもかばう人間がいないんだ／そうなってもいいのか？」と問われたスタンは、「思ってもみなかった」と言った後、相棒をひとりで死なせようとしていたことについて「悪かったよ」「キズつけてごめんね」と謝罪までするのでした（相棒への愛がとにかく巨大）。

結局ふたりは死ぬに死ねず、たまたま通りがかった軍人（実はジョーゼットの婚約者）から女のために自殺するくらいなら軍隊に入れと言われ、フランス外国人部隊への入隊を決めます。しかし軍人としての素養がまったくないふたりは、炊事や洗濯といった下働きばかりさせられるうち、しんどいです～失恋とかもうどうでもいいです～という精神状態になり、部隊を去ることに。

ところが、このときの去り方がまずかったせいで、脱走兵だと誤解され、軍を挙げての大捜索がはじまってしまいます。驚くべきは、このドタバタ劇の最中にベーブが命を落としてしまうこと。失恋による自殺は回避できたのに、こんなことで死んでしまうなんて。ひとり取り残されたスタンも、すごく寂しそうです。

バディの生死がはっきりわかれる結末はもの悲しいですが、ラストでは、白い馬に生まれ変わったベーブをスタンがやさしく抱きしめており、少しだけやさしい気持ちになれます（いきなりで驚かれたでしょうけど本当に馬に生まれ変わるんです！）。

種を超えてもなお続く友情は、男同士の絆を感じさせるものでありますが、裏返せば女性排除の意図を感じさせるものでもあります。女にフラれても、相棒がずっとそばにいてくれる。恋愛よりも、友情が大事。ちょっと極端な気もしますが、ファンタジーとしてのバディをとことん描いた作品だと思えば納得です。

お次はクロスビー＆ホープ★による『アラスカ珍道中』★（１９４６年）。歌って踊って騙して逃げて。ずる賢さではピカイチのデュークと、お人好しで騙されやすいチェスターによる芸人バディの物語です。

あるとき、公演中に手品のイカサマがバレたふたりは、観客からせしめた大金を元手に船で逃走しようとします。ところが、デュークはアラスカへ、チェスターはニューヨークへ行きたいと言いだし、いきなりバディは解散の危機に。しかし、デュークはチェスターと離れるつもりなどありません。彼をうまいこと騙して、ゴールドラッシュに沸くアラスカ行きの船に乗せてしまいます。

ところで、この作品にはドロシーという名の美女が登場します。彼女はひげモジャの悪漢スペリー＆マガークに奪われた宝の地図を追っている最中です。金鉱の場所が記されたその地図は、とある事情からあっというまに無一文になり、船の雑用係をする羽目になったデューク＆チェスターが、悪漢ふたりの船室でたまたま見つけ、ちゃっかり自分たちのものにしています。それにより、

★クロスビー＆ホープ……歌手ビング・クロスビーとコメディアン、ボブ・ホープの人気者同士が組んだコンビ。音楽のクオリティの高さはもちろん、映画業界をおちょくるような内輪ウケのギャグやアドリブが多いこともあって、人気を博した。

★『アラスカ珍道中』……１９４６年公開（日本では１９４９年公開）、ハル・ウォーカー監督の映画。クロスビー＆ホープが出演する「珍道中シリーズ」の４作目で、アカデミー賞脚本賞にノミネートされた。

ドロシーのターゲットは、悪漢からおかしなふたり組へと移るのですが、ターゲットが悪漢じゃなくなったとはいえ、女の腕力だけで宝の地図を奪い返すのは難しい。となれば、彼女が使うのは……そう、女の色気です。

こうして物語はデューク&チェスターによるラブコメの様相を呈しはじめます。騙されやすいチェスターは、ドロシーの色仕掛けにゾッコー参っていますが（チョロいな〜）、ドロシー自身は、色仕掛けに乗ってこない知的なデュークを愛しはじめているのでした。いやあ、非常にわかりやすい三角関係ですね。

このひとたち、一体どうなっちゃうの？　やはりドロシーとデュークがくっつく感じ？とか思って観ていると、「あること」が起こり、デュークが突如として姿を消してしまいます。その結果、恋の三角関係はチェスターの不戦勝となります。ネタバレを避けたいのでこれ以上は語りませんが、恋の終わりとバディ解散が突然すぎてびっくりしてしまいました。

こうしていきなり解散することになったバディは、その後思わぬ形で再会します。「あること」が起こった40年後、すでにおじいさんとなったデュークとチェスターが再会を果たすのです。しかし、別々の人生を歩んできたがゆえの溝はなかなか埋まりそうにありません。印象的なのは、ふたりがそのことをさほど悲しんでいないように見えること。どんなに離れていても、ひとたび会ってしまえばかつての感覚が蘇ってくる、みたいなドラマはなく、とても淡々としています。

『アラスカ珍道中』は、バディの関係を永遠とは見なしておらず、青春の1ページとして輝いていればそれでよいと考えているようです。後世のバディものが、「この絆は永遠」というメッセージを打ち出しがちなのとくらべると、初期バディは本当にドライですね。

『凸凹猛獣狩』★（1949年）では、アボット＆コステロ★の「凸凹コンビ」がお宝を求めて一路アフリカへと向かいます。

ただ、お宝について知っているのは、アボット演じるのっぽのバスだけなんです。コステロ演じる小太りのスタンリーは、ことの次第をよくわかっていません。スタンリーがその昔とある本で見て、いまだに憶えているという地図が一攫千金の鍵になっているのですが、そのことを知らされぬまま、バズに言わ

★『凸凹猛獣狩』……1949年公開（日本では1952年公開）、チャールズ・バートン監督によるコメディ映画。吹き替えが植木等と谷啓だったらしい。

★アボット&コステロ……ヤセのバッド・アボットとデブのルウ・コステロのコンビ。1940年代に映画で活躍し、日本でも20本以上が上映されるなど人気を博した。

れた通りアフリカに向かうのです（ぼんやりしすぎだよ）。

つまりここでのスタンリーは、アホの子（＝ボケ）であり、バスはそのお世話係（＝ツッコミ）なのです。賢さに差があることを強調するやり方は、初期バディものに散見されますが、これは現代においてもまだまだ有効。わたしの推しである錦鯉もそうです。アホの子を全力でやる長谷川さんと、それを見守り、叱り、ここぞというときにはしっかと受け止めるお世話係の渡辺さん。錦鯉って、実は基本にめちゃくちゃ忠実なバディで、先祖返りしていると言ってもいいくらいです。

『凸凹猛獣狩』のすごいところは、アフリカでいろんな動物に追いかけられたり、死ぬほどデカいダイヤを見つけたり、原住民と騒動を起こしたりする中で、バディとしての絆が強まる――のではなく、まさかのコンビ別れ★に向かっていくところだと思います。バディの成長にとってトラブルは必要不可欠な要素だと思っていたけど、本作を観る限り案外そうでもないみたい。ともに困難を克服することで男同士の絆をロマンティックに描く手法は、このあと確立されていくんですね。

★コンビ別れ…こうしたバディというのは、自分より自分のことを知っている相手と、四六時中一緒にいるわけですから、時に鬱陶しいもので、別れたくなる気持ちはわからなくもないのですが…。やはり〝雨降って地固まる〟な展開を期待する自分がいます。

スタンリーがあらゆるドタバタのきっかけを作るのを見たバスは、ひとりイカダに乗って国に帰ろうとします。「お前がいると厄介なことばかり起きる」「さっさと消えろ」。旅に出ると決めたのはバスなのにこの言い草……。置いてけぼりを喰らったスタンリーはかなり気の毒ですが、実はこの後、彼は新たな相棒を見つけ、しかもめちゃくちゃ裕福になります。最後は自社ビルの最上階に自分専用のエレベーターで上がっていくんですが、エレベーターボーイをやっているのが、なんとバスなんですよ。バディがふたりとも幸せになるのではなく、明暗がはっきりわかれるエンディングになっているんです。アホの子だけど心優しいスタンリーが幸せをつかむという帰結は、無欲な者ほど富を得るというメッセージが多分に含まれています。

最後に紹介するのは、マーティン&ルイス★の「底抜けコンビ」による『画家とモデル』★（1955年）です。リック（マーティン）とユージーン（ルイス）は職場もアパートも一緒の仲よしコンビなのですが、マイペースすぎてなにかとトラブルをおこしがちなユージーンのせいで、リックの仕事はいつもダメになってしまいます。リックは我慢の限界を迎えつつあり、とうとうユージーン

★マーティン&ルイス……歌手のディーン・マーティンとコメディアンのジェリー・ルイスによる1940年～50年代に活躍したコンビ。映画の邦題からつけられた「底抜けシリーズ」で知られるが、『画家とモデル』はブロードウェイ・ミュージカルをもとに作られた。

★『画家とモデル』……1955年公開（日本では1956年公開）、フランク・タシュリン監督によるコメディ映画。ベシー役はシャーリー・マクレーン。めちゃくちゃ可愛かったらしい。

と別れて暮らそうとするのですが、アパートの階下にたいへん魅力的な女ふたり組――有名コミック作家のアビゲイルと、その同居人でアビゲイル作品のモデルにもなっているベシー――がいると知ったことで、方針を転換。彼女たちとお近づきになろうと画策しはじめるのでした。

この作品には、リック＆ユージーンという男バディと、アビゲイル＆ベシーという女バディが登場します。そして各コンビのキャラの感じはとてもよく似ています。いわゆるモテキャラで機知に富むのが、リックとアビゲイル。おまぬけなところもあるけれどチャーミングで憎めないのが、ユージーンとベシー。物語はこの似たもの同士がカップルになるところまでを描いていますが、わたしが注目したいのは、恋模様よりバディとしてのあり方です。

もともと広告デザイナーで絵も巧いリックは、ユージーンの奇妙な寝言をマンガにすることで成功のきっかけを掴みます。アビゲイルはコスプレをしてポーズをとってくれるベシーのおかげでいいキャラが描けます。つまり、相棒の存在がクリエイティビティを刺激しているのであって、ひとりきりで創作することが難しいのです。賢さに差があるのはバディあるあるですが、賢い方がアホの子のお世話係であるだけにとどまらず、お互いを支えとし、大事に思っているところは、絆を大事にする現代のバディものにも通じます。また、最終的に2組のカップルが成立し、全員幸せになっているのが、なにかと明暗をわけたがっていた最初期の作品とはひと味違う（一歩前進？）ということは指摘しておきたいですね。

今回古典的な作品を見たことでわかったのは、現代のバディものが「エモさ」★をかなり重視しているという事実です。過去のバディたちは、簡単にコンビ別れしようとしたり、別の相棒に乗り換えたり、そもそも相棒のことを軽くバカにしていたりして、観客をエモい気持ちにさせてくれないのです。初期バディものをヒューマンドラマとして観ることは困難。これは新旧の作品を比較したときに最も違いの出る部分だと思います。そして、現代のバディものをすでに摂取してしまっているわたしたちは、エモさがないと、どうにも足りないみたいです。

そんなわたしたちに朗報なのですが、ローレル&ハーディの晩年を描いた

★「**エモさ**」…英語のemotionから生まれたとされる語。「エモい」を三省堂国語辞典で引くと、「心がゆさぶられる感じだ」とあり、日常会話で多用している落合陽一によると、「いとをかし」の感覚だそう。編集担当の高1の娘はどんな話も「エモい」で片づけるので語彙力が心配だが、落合説でいえば感受性が豊かということ？

『僕たちのラストステージ』★（2018年）は、彼らの人生と歴史がこれでもかと詰まった、エモ満載のヒューマンドラマになっています。コンビとして活動できなくなった後も、脚本担当のローレルが、ふたりでやる用のコントを書き続けていたというのだから、エモ好きにはたまらないですよね。お笑いコンビという名のバディが迎えうる、最高に美しいエンディングが、ここにはありま す。

★『僕たちのラストステージ』…2018年公開（日本では2019年公開）、ジョン・S・ベアード監督の映画。ローレル&ハーディ役に、スティーヴ・クーガンとジョン・クリストファー・ライリーというコメディ俳優が抜擢された。ジョン・クリストファー・ライリーは、本作でゴールデングローブ賞主演男優賞にノミネートされた。

8章

男女バディの友情と恋愛

「友情」は「恋愛」の上位互換たりえるのか

勤め先の大学が春休みに入ると、学務はふつうにあるものの、授業がないので時間にはかなり余裕が生じます。学期中にはなかなか手を出せないようなごっつい作品に取り掛かるなら、いまがチャンス。というわけで、アニメ版『進撃の巨人』★を鑑賞しました。

この作品には、人間を捕らえて食おうとする巨人に対抗すべく、3重の壁で身を守りながら100年近く暮らし続ける人々が登場します。主人公のエレン★も壁の中で暮らす少年です。壁の外に興味を示す彼は「調査兵団」への入団を熱烈に希望しています。というのも、この国では、調査兵団に入るしか壁外に出る方法がないのです。けっこうな確率で命を落とすのが調査兵団の仕事なので、市民の中には批判的に見る向きもあるのですが、エレンにとって調査兵団は批判の対象どころか、まごうことなき「英雄」です。

このあとエレンは調査兵団に入るんだろうな、そして巨人と戦うんだろうな、と思っていると、ある程度はその通りに話が進むのですが、巨人が壁をぶっ壊

★アニメ版『進撃の巨人』……2013年から23年まで、シーズンを分けて放送されたテレビアニメ。原作は諫山創による同名コミックで、『別冊少年マガジン』にて2009〜2021年まで連載された。圧倒的な世界観で人気を博し、世界発行部数の累計が1億4000部を突破した（2023年11月調べ）。

★エレン……主人公の少年。超大型巨人が起こした「ウォール・マリア襲撃」で母を亡くし、以降巨人への復讐に燃える。アニメ版の声優は梶裕貴。

して侵入してくるわ、エレン自身がなぜか巨人になってしまうわで、大変なことになります。巨人をやっつける側の人間が巨人になってどうするんだ。エレンも観ているこちらもパニックです。「この後どうなっちゃうの？」の連続すぎて息つく暇もありません（おもしろい）！

そんな『進撃の巨人』には、エレンの友人として、ミカサ★とアルミン★のふたりが登場します。ミカサは幼い頃に両親を亡くし、エレンの家に引き取られた少女です。もう二度と家族を喪いたくないと考えているため、つねにエレンと行動を共にし、彼を守るためならなんでもしようとします。エレンが調査兵団に入るときも、当然のようについてきました（言うなれば押しかけバディ）。しかも兵士としては、エレンよりもずっと優秀なのです。最終的には、調査兵団で一番強いリヴァイ兵長★（ひとりで一般兵士４０００人分の兵力を持つと言われる）に迫るほどの強さを持った兵士へと成長します。女＝守られるべき存在、という価値観はもう古いとばかりに、エレンを守り、襲い来る巨人をなぎ倒していくミカサは、とてもかっこいい女兵士です。

★ミカサ…エレンの幼馴染み。普段はクールでポーカーフェイスだが、エレンのこととなると熱くなる。兵士としては同期で一番強く、仲間想いで頼りになる。いつもエレンにもらったマフラーをしている。

★アルミン…エレン、ミカサの幼馴染み。おとなしい性格で体力面では二人に劣るものの、明晰な頭脳で戦局を読んだ作戦を立てる。本で読んだ「塩水の湖（海）」に憧れている。

★リヴァイ兵長…調査兵団の兵士長。人類最強と目されるほどの強さをもち、不愛想で冷徹に見えるが、実際には仲間思いで熱い一面がある。潔癖症。

そしてもうひとりの友人であるアルミンは、いじめられっ子の男子です。不良たちに攻撃されるたび、エレンとミカサに助けてもらう小柄な少年ですが、知的好奇心が人一倍強く、頭を使って考えることがとにかく得意。調査兵団に入ってからは、その知力を武器に巨人討伐の戦略を任されるようになります。後に彼も巨人化できるようになるので、エレンとは巨人としての繋がりを持つ仲にもなります。言うなれば巨人バディ。他にはなかなかない設定です。

『進撃』は、彼ら3人を幼馴染みとして描きつつ、必要に応じて二者によるバディ関係を作ります。『ハリー・ポッター』シリーズ★も、仲よし3人組★をメインキャラクターにしつつ、時折バディを作りますが、構造としてはそれとよく似ています。3人のうち2人をバディにすると、人間関係に動きが出ますし、3人組を男女混合にしておけば、男バディだけでなく男女バディも作れるという作劇上の旨味もあります。『進撃』にはこの他にも、ライナー、ベルトルト、アニ★による3人組が登場しますが、彼らも時折バディになる3人組として描かれています。作者の諫山先生★は3人組からのバディ爆誕という流れが好きなのかもしれません。

★『ハリー・ポッター』シリーズ…イギリスの作家、J・K・ローリングが著した全7巻のファンタジー小説。全世界でベストセラーとなり、実写映画も大ヒットした。

★仲よし3人組…主人公であるハリー・ポッターと、同級生のハーマイオニー・グレンジャー、ロン・ウィーズリーの組み合わせのこと。

★ライナー、ベルトルト、アニ…屈強な体をもつライナーは2番目の成績、優し気な雰囲気をもつベルトルトは3番目の成績、鋭い瞳をもつアニは4番目の成績で、訓練兵団をそれぞれ卒業したという優秀なグループ。後に全員マーレから送り込まれた巨人だったと判明した悲しい仲間でもある。ちなみに首席はミカサ。

★諫山先生…フルネームは諫山創。1986年生まれのマンガ家。『進撃の巨人』が初めての今回考えたいのは、男女バディと恋愛感情の問題です。あなた自身は男女バディが恋愛に発展するのをよろこぶタイプでしょうか？　それともバディはバディのままでいてくれと考えるタイプでしょうか？

わたし個人は昔から恋愛感情の絡まない男女バディが好きです。世間では「男女の友情は成立するか？」という議論があったりしますが、わたしは「成立する」と思っている側の人間であり、そのことを信じさせてくれる作品を好みます。心のどこかで恋愛感情を不安定でいつか終わりが来るものと思っているフシがあり、それよりは友情の安定感を推したい気持ちが強いのです。

ちなみに理想の男女バディは『ゴールデンカムイ』★の杉元★とアシㇼパさん★です。彼らのよいところはたくさんありますが、杉元が相棒のことをずっと「さん」付けで呼ぶのがとくにいいんですよね。彼にとって、アシㇼパさんは年下の女の子ですが、どれだけバディとしての絆が深まろうとも、ちゃん付けに変わったり、呼び捨てにしたりしないのが素晴らしい。アイヌの民★としてさまざまな知恵を授けてくれるアシㇼパさんへのリスペクトを感じます。

連載作品。2011年には同作で第35回講談社漫画賞少年部門を受賞した。

★『ゴールデンカムイ』……2014年〜22年にかけて『週刊ヤングジャンプ』で連載された野田サトルによるマンガ。日露戦争後の北海道を舞台にし、読者をひきつけるストーリーだけでなく、アイヌ文化を丁寧に解説する側面も評価された。累計で2700万部を突破し（2024年1月調べ）、アニメ化したシリーズもヒットし、実写で映画化もされた。

★杉元…『ゴールデンカムイ』の主人公、日露戦争で活躍した元日本兵の杉元佐一のこと。鬼人のような闘いぶりと運の強さから「不死身の杉元」と呼ばれて恐れられた。

★アシㇼパさん…ヒグマに襲われていた杉元を救ったことをきっかけに、杉元と行動を共にするようになる。アイヌ料理をあとは『マッドマックス　怒りのデス・ロード』★のマックス&フュリオサ★も好きです。ふたりは独裁者イモータン・ジョー★を倒すため力を合わせて戦いますが、もともとさすらいの身であるマックスは、戦いが終わるとすぐにその場を去ってしまいます。悪党を排除することに成功した平和な土地で、相棒と仲良く暮らしてもよさそうなものですが、そうはしないのです。バディとして最高の結果を出した直後のあまりにもあっさりとした解散。なんて大人なんだ。追いすがったりしないフュリオサにもシビれます。

とか言いつつも、バディになれるくらい相性のよい異性愛者の男女が、その勢いのまま恋愛しちゃうのもわからなくはないのです。ブラッド・ピット★とアンジェリーナ・ジョリー★が共演した『Mr.&Mrs.スミス』★なんて、映画の中の男女バディが、現実に結婚していますからね（2019年に離婚しましたが……）。この作品は凄腕の殺し屋がバディになるというストーリーで、まあ殺し屋はさすがに特殊すぎますが、仕事を通じて相手の人間性を窺い知る（そして好きになってしまう）機会というのは、あるだろうと思うのです。日本は世界的に見ても職場恋愛が多い国らしいのですが（＊詳しくは西口想『なぜオフィ

作るシーンは作中で何度も描かれ、なかでも肉や魚を叩いて作るチタタプづくりのシーンはコミカルで読んでいて楽しい。ちなみに「ヒンナ」＝「おいしい」ではなく、食べ物に感謝するという意味であり、いただきます&ごちそうさまも兼ねる。

★アイヌの民…北海道を中心に先住していた民族。独自の言語や生活様式を有していたが、国家政策により不当な扱いを受けた歴史があり、現在は伝統的な生活様式をそのまま送っている人はいないとされている。昨今、アイヌの伝統と文化を継承するためのさまざまな活動が盛んになっている。

★『マッドマックス　怒りのデス・ロード』……2015年公開、ジョージ・ミラー監督の映画。『マッドマックス』シリーズの4作目。核戦争後の世界を生きる人々を描いた迫力のある映像で、米アカデミー賞最多6部門を受賞した。撮影地は、ア

スでラブなのか』★（堀之内出版）をお読みください）、仕事とプライベートをきれいに切り分けられるひとばかりではありませんし、一日に8時間とか働いていれば、そこにいる一番いい感じのひとと恋愛する気になっても不思議じゃありませんよね。

――と、ここまでわたしは男女バディにおける恋愛感情について、あるかないかの二分法的に書いてきましたが、『進撃』のエレンとミカサは、この二分法に当てはまらない特殊な関係を形づくっています。ふたりは男女バディでありつつ、恋愛感情も持っていて、しかもバディから恋愛関係への移行が凡百の物語とはまるで違っているのです。

まず、ミカサが調査兵団にわざわざ入ってまでエレンを守ろうとするのは、彼女に言わせればエレンが「家族」だからです。周囲はミカサの恋心に気づいているのですが、本人はあくまで否定します。そのことによって前景化されるのは、大切な家族を喪いたくないという気持ちです。

しかし、巨人との戦いが長期化する中で、エレンの考え方が徐々に変化し、

フリカのナミビアにあるナミブ砂漠。赤みを帯びたアプリコット色の砂が美しい。

★マックス&フュリオサ…『怒りのデス・ロード』では、マックスをトム・ハーディが演じ、フュリオサをシャーリーズ・セロンが演じた。ちなみに初代マックスは、メル・ギブソン。

★イモータン・ジョー…荒廃した土地を支配する教祖的存在。信者＝ウォー・ボーイズを従え、自分の子を産ませるためだけの存在＝ワイブスを囲っている。白塗りにマスクの見た目はド迫力で、ファンが多いキャラ。ちなみに演じていた俳優ヒュー・キース・バーンは、『マッドマックス』シリーズ一作目のマックスの敵リーダー役だったという、ちょっとエモい配役。

★ブラッド・ピット…1963年・アメリカ生まれの俳優、プロデューサー。甘いマスクでセクシーなのはもちろん、『セブン』

壁外のありとあらゆるもの（これには襲い来る巨人だけでなく、壁外で暮らす一般市民も、豊かな自然環境も含まれます）を滅ぼすべきという、かなり極端な結論に至ると、さすがに彼を肯定できなくなり、アルミンらとともにエレンの暴走を止めようと決意します。「殺さない／遠くに行ったエレンを連れ戻す／私は…ただそれだけ」と語ってはいますが、まともな話し合いが成立しない状況でエレンを止めようとすれば、殺すことも当然視野に入ってきます。世界を救うためとは言え、ミカサにとっては非常に酷な選択です。

そしてミカサはエレンにキスしながらその命を奪うことになります。そのときの彼女はひとりの恋する女だと言っていいでしょう。エレンは大事な家族なのだと強調し続けてきた体面を内側から食い破るようにして、エレンに恋するミカサが現れるのです。ほかの人に殺されるくらいならわたしがやる、という理屈はあるでしょう。しかしそれならば、家族としてエレンに引導を渡すという形でもよかったはず。しかしミカサは、エレンにこの上なく美しいキスをしながら、その首を斬り落とすのです。

ということは、最後にエレンが見たのは、家族や相棒としてのミカサではな

『ファイト・クラブ』など数々の話題作で演技も評価されている世界的スター。日本でもその人気から「ブラピ」の愛称でよばれ、一時ホンダの車のCMに出演していた。もう還暦とか信じられない。

★アンジェリーナ・ジョリー……1975年・アメリカ生まれの俳優、プロデューサー。1999年に『17歳のカルテ』の演技で評価され、アカデミー賞助演女優賞を受賞。以降、『トゥームレイダー』シリーズなどの人気作に出演し、世界的スターの地位を確固たるものとしている。養子・実子あわせて6人の母でもある。

★『Mr.&Mrs.スミス』……2005年公開、ダグ・リーマン監督。ブラッド・ピットとアンジェリーナ・ジョリーというスターの共演で話題になったアメリカのアクション映画。撮影をきっかけにブラピは前妻と離婚。しばらくした後、アンジーと結

く、自分に恋するミカサです。彼はこれをどう思ったのでしょう。コミック版『進撃』の最終巻には「道」と呼ばれる一種の精神世界で対話するエレンとアルミンが描かれていますが、アルミンから「ミカサの恋心を無下にしたことはどう思っているんだ⁉／命がけでずっとエレンだけを見てきたミカサに⁉／オレのことは忘れろで済まされると思っているのか⁉」と問い詰められたエレンは、こう答えています。

そんなの嫌だ‼
ミカサに男ができるなんて…‼
一生オレだけを想っててほしい‼
オレが死んだ後もしばらく…10年以上は引きずっててほしい‼

……駄々っ子か（笑）！　エレンにとってもミカサは特別な存在だったのです。「…今のはミカサに言わないでくれ…」とアルミンに頼んでいることからも、この発言が本心からのものだとわかります。それほどにミカサを想いなが

婚した。

★**『なぜオフィスでラブなのか』**…職場恋愛をテーマにした小説について考察した西口想の著作。職場恋愛大国ニッポンのことがよくわかるし、職場恋愛の小説が色々あって面白い。それにしても、長時間労働が続くと出会いが職場に限られるので、あんまりヘルシーじゃないよねって話。

らも、エレンは彼女と恋をして、その力を糧に世界を守ることを選びませんでした。彼は世界存亡の危機を前に、ミカサへの恋心を抑圧することしかできなかったのです。壁の外に憧れ、戦うことを何より重視していたエレンらしい生き方だと思います。

『進撃の巨人』は、戦いの物語としてのリアリティを大事にしつつ、最後の最後にほんの一瞬だけミカサとエレンの恋心を発露させます。ふだんは恋愛感情の絡まないバディが好きだと言っているわたしも、この恋愛感情の描き方にはすっかり参ってしまいました。はっきりと恋愛感情を描きながらも、カップル成立の甘い時間を決して描かない……このさじ加減がたまりません。

皆も…どうか誓ってほしい
憎しみ合う時代との決別を
互いを思いやる世界の幕開けを…
ここで…私達の怪物との別れを

これは『進撃』のクライマックスでとある人物が民衆に投げかけたことばですが、わたしたちが強く誓って決別しようとしなければ、暴力や殺戮は何度でも人間を誘惑し、行くべき道を誤らせます。本当の戦場は大義に彩られた美しい世界ではありません。文字通りの地獄なのです。そして多くの場合、この地獄は偉い（ということになっている）大人が生み出し、偉くも強くもない若者たちが犠牲を払うことで成り立っています。いまこの瞬間も、戦場ではそうした若者たちがバディを組み、必死に生きているはず。フィクションとしての戦争ものを観賞するときも、そのことは忘れずにいたいと思います。

9章

ヒトとモノがバディになるとき

モノにもパワハラはダメな時代？

　みなさんは佐野洋子★の『おじさんのかさ』★をご存じでしょうか。とても立派な傘をどんなときも欠かさず持ち歩いているおじさんのお話です。おじさんは、傘を大事に思うあまり、雨が降っても使おうとしません。傘のために雨宿りをし、いざとなったら抱きかかえて走るほどです。傍から見るとすごく変ですが、おじさんはそれほどに傘を愛しているのです。

　ところが、ある雨の日、子どもたちが傘を差しながら歌っているのを見て、おじさんの心に変化が生じます。

「あめが　ふったら　ポンポロロン　あめが　ふったり　ピッチャンチャン。」

——「ほんとかなあ」とつぶやくおじさんの心は大いに揺れています。愛する傘にこれまで見たことのない一面があるのなら、是非とも知りたい。そんな気持ちになったのではないでしょうか。そしておじさんはとうとう傘を開き、ちょっとは後悔するかと思いきや、いかにも傘らしく濡れたところを見て、とても満足そうにするのです。大事だからって過保護なのはよくない。愛する傘

★**佐野洋子**…1938年生まれの絵本作家、エッセイスト。代表作は累計で200万部以上売れた『100万回生きたねこ』（講談社）。『シズコさん』（新潮社）をはじめ、エッセイにもファンが多い。

★**『おじさんのかさ』**…1974年、銀河社より『100万回生きたねこ』の3年前に刊行された。第22回産経児童出版文化賞受賞。当時は主人公がおじさんの絵本は珍しかった。

と一緒に冒険して、新しい世界を知る方が、人生は楽しい。そんな風に思える、とてもいい物語だと思います。

　人間のバディが人間であるとは限りません。人間同士の方が意思疎通はラクそうですが、おじさんのようにモノをバディとすることが禁じられているわけじゃないですからね。

『ルパン三世』★シリーズに登場する十三代目石川五ェ門★も「斬鉄剣《ざんてつけん》」★をバディとするキャラクターです。斬鉄剣は「鉄を斬る刀」という名の通り、ふつうだったらおよそ切断できないようなものを切断できちゃうすごい刀。五ェ門にとって、なくてはならない相棒です。

　そんな大事な相棒がいきなり姿を消したらどうなるでしょうか。アニメ版『ルパン三世』の「空飛ぶ斬鉄剣」（シーズン2エピソード61）では、斬鉄剣を100万ドルで買いたいという悪玉の話に乗っかった峰不二子★が、睡眠薬入りの酒でルパン★、次元★、五ェ門を眠らせ、斬鉄剣を盗み出してしまいます。熟睡しているにもかかわらず、決して斬鉄剣を手放そうとしない五ェ門が実にいじらしいのですが、所詮は睡眠中なので、不二子にほうきとすり替えられても気

★『ルパン三世』…原作はモンキー・パンチによるマンガで1967年〜69年まで『漫画アクション』に連載された。1971年にテレビアニメ化され人気を博し、2021年にはアニメ化50周年を迎えた。怪盗アルセーヌ・ルパンの孫という設定でルパン"三世"だったと記憶していたが、公式サイトでは家系について明言していないため、今となっては謎。1979年公開の『カリオストロの城』は宮崎駿の劇場公開映画、初監督作品。銭形警部のラストのセリフは、数々のファンをしびれさせた。2009年、2013年には名探偵コナンと対決、2021年はテレビで新作アニメシリーズ放映、2023年には女怪盗集団・キャッツ・アイと対決するなど、まだまだ活躍中。

★十三代目石川五ェ門…義賊・石川五右衛門を先祖にもつ石川家の末裔で剣豪。なんでも斬れる斬鉄剣で何かを斬ったときの決めゼリフ、「また、つま

がつきません（かわいそうに）。目が覚めて斬鉄剣が消えていることに気づいた彼は、ショックのあまり自殺騒動を起こします。ルパンと次元が止めようとしても言うことを聞きません。

「――止めてくれるな。いくら睡眠薬を盛られたとは言え、武士の魂、斬鉄剣を奪われては、おめおめと生きてはおれぬ」……ここでの五ェ門は、斬鉄剣を「武士の魂」と呼んでいます。単なるモノではなく自分の魂であるという認識なのがわかります。ひとはモノに対して、失えば死にたくなるほどの思い入れを持つことだってできるのです。

ちなみに先ほどなんでも斬れる斬鉄剣、みたいな書き方をしましたが、斬鉄剣にはこんにゃくをはじめとして斬れないものが結構あります。ネットに「斬鉄剣で斬れない物一覧」がまとめられているのでよかったら見てください。斬鉄剣に対する五ェ門の愛が「なんでも斬れるから愛する」という条件付きの愛ではないことがわかって、すごく温かい気持ちになりますから。

ひととモノがバディ関係を取り結んでいる例は、ほかにもあります。チャー

らぬ物を斬ってしまった」でおなじみ。

★斬鉄剣…実際に「斬鉄剣」と呼ばれる日本刀が実在する。孤高の刀匠・小林康宏の作。五ェ門の斬鉄剣はコンニャク以外の物はなんでも斬れるそうだが、こちらはどうか。

★峰不二子…並外れた美貌と抜群のプロポーションをもつ、謎多き美女で泥棒。魔性の女の振る舞いでルパンたちを振り回す。アニメ版の不二子のモデルになったのは、映画『あの胸にもういちど』に登場した、黒いジャンプスーツを着てバイクに乗るマリアンヌ・フェイスフルだったらしい（監督談）。

★ルパン（三世）…主人公の大泥棒。愛嬌のある性格で美女にめっぽう弱いが泥棒としての腕はピカイチ。昭和世代にとってのルパンの声優は山田康雄。あの独特の抜けた声で言う「ふ～じこちゃ～ん！」は、誰もが真

ルズ・M・シュルツ★の『ピーナッツ』★に出てくる「ライナスの毛布」★や「シュローダーのトイピアノ★」などは、世界的にもよく知られた例と言えるでしょう。ここでの毛布やトイピアノは、持ち主にとってお守りのような存在です。そして、それがいかにかけがえのないものであるかは、周囲の人間にもよーく伝わっています。

　たとえば『ピーナッツ』には、シュローダーに恋するルーシー★が、演奏に夢中でちっともこっちを向いてくれない彼にキレて、トイピアノをめちゃくちゃに壊す話★が出てきます。シュローダーとトイピアノの関係性に嫉妬するあまり、罪のないトイピアノを壊してしまうのは明らかにやりすぎですが、その気持ちもわからんでもない。「所詮はモノ」と割り切れないくらい、彼らの関係は濃密ですからね。

　峰不二子やルーシーが教えてくれるのは、誰かのバディがモノだった場合、盗みたい、壊したい、といった衝動に駆られるケースがあるということです。人間のバディに嫉妬したとしても、いきなり襲ったりはできないでしょうけど、相手がモノだと盗んだり壊したりのハードルが低い。危害を加えられやすいの

似したことのあるセリフ。

★次元大介…0.7秒の早撃ちができると言われる天才ガンマン。酒とたばこをこよなく愛し、銃はS&W（スミス&ウェッソン）のリボルバー銃を愛用。目深に被ったソフト帽がトレードマークだが、アニメ版のシーズン2エピソード152「次元と帽子と拳銃と」では、被っている帽子で照準を合わせていたという衝撃の事実が描かれている。

★チャールズ・M・シュルツ…1922年・アメリカ生まれのマンガ家。アシスタントをつけず、資料収集からセリフの書き込みまで1人で担い、生涯で17897日分（約50年）の新聞コミックを描いた。亡くなる直前の断筆宣言まで、ほぼ休みなく毎日マンガを描き続けたという。

★『ピーナッツ』…1950年にアメリカの新聞7紙で連載

は、明らかにモノの方です。そんなわけで、あなたがもしモノをバディにするなら、それを守り抜くための方法も考えておいた方がいいかもしれません。

モノとしてのバディは、必ずしも既製品とは限りません。自作することもできます。『プロゴルファー猿』★のゴルフクラブや『魔女の宅急便』★のほうきなんかは、主人公が自ら木を削って作る、お手製のバディです。

「猿」こと猿谷猿丸が「ヒッヒッヒッヒ……やっぱしこいつがいちばんや！／なんせこんなにフィーリングがピッタシくるこのクラブ！　作るのに一年かかったんやさかい……」と語るのを見ると、手作りのよさみたいなものを強調したくなりますが、キキはジブリ版『魔女宅』の中で２本のほうきを手作りしながらも（修行に出るときとスランプに陥ったとき）、最後は道端にいたおじさんのデッキブラシ、つまりはバリバリの既製品を愛用することになるので、手作りの方がえらいということもなさそうです。

人間同士のバディは、苦楽を共にするという経験を通じてバディらしくなっていきます。だとすれば、ひととモノの場合も、手作りかどうかより、なんらかの共通体験を積み重ねていく方がよほど大事なのでしょう。ちなみに、バン

が開始されたマンガ。チャーリー・ブラウン、スヌーピー、ウッドストックなどのお馴染みのキャラクターたちが登場した。名言が多く、哲学的として今もさまざまな形で言及される。翻訳は詩人の谷川俊太郎によるもの。

★**「ライナスの毛布」**…チャーリー・ブラウンの一番の親友で、博愛な哲学者・ライナスが安心するためにいつも手にしている毛布のこと。スヌーピーとは毛布をめぐってしばしば攻防を繰り広げる。

★**「シュローダーのトイピアノ」**…天才音楽少年・シュローダーが大切にしているおもちゃのピアノのこと。

★**ルーシー**…いつも威張り散らしている女の子。ライナスの姉で、暇さえあれば片思い中のシュローダーに熱心に言い寄っている。

ドのドラマーであるわたしの夫を見ていると、シンバルやドラムスティックは同じ品番を繰り返し買っていますがあくまで消耗品の扱いであり、バディ感はゼロ。もっとも叩く回数が多いスネアドラムを相棒としているようです（でも、スネアをたくさんコレクションして取っ替え引っ替えするドラマーもいるので、この辺の感覚はひとによるみたいです）。

いわゆるファンタジー作品では、モノに命を宿らせたり、性格を付与したりできるため、ひととモノとのバディ関係は、よりおもしろいものになります。たとえばキキは、手作りのほうきで修行に出ることを却下され、母親のほうきを持たされていますが、これは使い込まれたほうきの方が「嵐にも驚かずに飛ぶ」からで、つまりほうきによって性格が違うということなんですよね。長生きしたほうきは頼もしい。キキがどれだけ嵐にビビろうがどっしり構えていてくれるというわけです。

その一方で、トンボを助けるべく急いでデッキブラシにまたがったときは、スムーズに飛ぶことができず「まっすぐ飛びなさい 燃やしちゃうわよ」と脅

★トイピアノをめちゃくちゃに壊す話…「The tortures of a memory of a lost love」で調べると原作コミックやアニメの情報が出てくる。YouTubeに、英語はもちろん、日本語バージョンもある。

★『プロゴルファー猿』のゴルフクラブ…1974年〜88年にかけて掲載誌を変えながら連載していたゴルフマンガ『プロゴルファー猿』の主人公の猿谷猿丸が使っている、木の根で自作した木製クラブのこと。80年代に放映されたテレビアニメシリーズも人気だった。藤子不二雄A先生の作品。

★『魔女の宅急便』のほうき…1989年公開、スタジオジブリ制作（原作、角野栄子）の「魔女の宅急便」に登場する、主人公のキキが使う魔法のほうき。

して、思いきり反抗されたりもしています。これもデッキブラシの性格というものがあればこそですよね。既成品だからといって人間に使役されるばかりではつまらないですし、さっき出会ったばかりの魔女にあれこれ指図されたらムカつきもするでしょう（笑）。

ファンタジーと言えば、『ハリー・ポッター』シリーズには、高級杖メーカーである「オリバンダーの店」★において、杖自身がご主人様を選ぶシーン★がありますが、あれなんかもモノに命が宿っているからこそできる演出です。擬人化、とまでは言えないかもしれませんが、それに近い操作が行われることで、杖と魔法使いのバディ感を演出することに成功しています。

というわけで、モノとしてのバディにもいろいろあるのがおわかりいただけたでしょうか。ひとつだけ共通するものがあるとすれば、モノを相棒として慈しむ言動が人間の側から出てこないと、バディらしく見えてこないということでしょうか。単なる使役関係ではないのだと読者や観客に知らしめるためのひと工夫（物心一如《ぶっしんいちにょ》となってすごい技を決めるとか、一日の終わりに相棒を手入れするシーンとか）があればこそ、わたしたちはひととモノとのバディ関係に心酔で

★オリバンダーの店…『ハリー・ポッター』シリーズに出てくる魔法の杖のお店。ギャリック・オリバンダーが経営する。魔法の杖はそれぞれ長さも素材も形も異なり、使い手との相性がある。

★杖自身がご主人様を選ぶシーン…書籍、映画ともに、シリーズ一作目の『ハリー・ポッターと賢者の石』に出てくるシーン。ハリーの杖の素材はヒイラギだが、イチイの木から作られた宿敵・ヴォルデモートの杖とは兄弟杖にあたり、ともに芯に魔法学校の校長ダンブルドアの飼う不死鳥の羽が使われている。

きるのです。

ところで、あくまで仮の話ですが、『ルパン三世』がファンタジー世界のお話だったら、斬鉄剣はどんな性格で、五ェ門とどんなコミュニケーションを取るのでしょう。五ェ門が使っているのは「雄刀」とのことなので、雄ならば男バディの物語でしょうかね……ちょっと見てみたい気がします。

10章

老後のバディ

年を重ねた先に出会う
かけがえのない存在

かつてわたしのゼミ生に、おじさんやおじいちゃんが登場する映画を研究対象とするIさんというひとがいました。愛を込めて「ジジイ映画」と呼ぶそれらの作品を、彼女はかたっぱしからパワーポイントにまとめ、発表してくれました。ゼミの2年間でパワポのスライド数はどんどん増えていき、卒業制作では、ジジイ映画研究で得た知識を元にして、かっこいい中年バーテンダーが登場するオリジナル小説を書きました。最初から最後までよきジジイに彩られた学生生活だったと言えるでしょう。本当にお見事です。

Iさんによれば、ジジイ映画にバディが出てくる場合、ジジイの相棒は少年・青年であることが多いのだそうです。バディものは二者のギャップを演出してなんぼなので、年齢差を強調しようとするのはよくわかります。

だからこそ、年齢差のない、おじいちゃん同士のバディは貴重です。実際、作品数もそう多くないと言います。ふたりともヨボヨボしていると迫力がないからでしょうか。仮にそうだとして、ヨボヨボ感を回避する手立てというのはないでしょうか。そんなことを、2本の映画をサンプルに考えてみたいと思います。

『最高の人生の見つけ方』★は、ふたりの老人が病院でたまたま同室になり、ともに余命宣告されるところからはじまります。ひとりは、病院の経営者であるエドワード。仕事はできるのですが、少々ワガママでこだわりが強く、家族の縁は薄そうです。もうひとりは、事情があって大学を中退後、自動車整備工として長く働いてきたカーター。クイズ番組が大好きな教養人で、家族関係は超良好。余命いくばくもない老人という共通点はありますが、白人の資本家と黒人の労働者というコントラストがあるのに加え、性格も家庭環境もまるで違います。

しかしながらふたりは、過酷な入院生活を通じて「俺たちは同じ船に乗り合わせた」と言うようになります。病気と戦うお互いを見つめる中で、強い絆が生まれるのです。「同病相憐れむ」という言葉がありますが、憐れむだけじゃなく力を与え合った感じですね。彼らのありようは、死線をともにくぐり抜けてきた兵士にも似ています。基本的にバディはある程度の時間をかけてバディ

★『最高の人生の見つけ方』…2007年公開（日本では2008年公開）、ロブ・ライナー監督のヒューマンドラマを描いた映画。ジャック・ニコルソンとモーガン・フリーマンのバディで大ヒットした。日本では同名タイトルで、吉永小百合と天海祐希のバディを主人公にリメイク作品もつくられた。ちなみに原題はそのものズバリの「The Bucket List」。

になっていきますが、たとえ時間が短くても、なにか強烈な体験をすると、一足飛びにバディになれるということなのでしょう。

　病に倒れた者同士だからこそ共有できる経験・感覚が、エドワードとカーターを一気に結びつけていき、やがて一緒に旅する計画を立てるまでになりますが、相棒との絆がときに家族への思いを上回るという事実を、カーターの妻はうまく飲み込むことができません。しかし、彼女が困惑するのも無理はありません。わたしだって、何十年も一緒に人生を歩んできた夫が、たまたま同室になっただけのおっさんと人生最後の旅行に出掛けたいと言い出したら　なぜ!?　人生最後の時間は家族と過ごすべきでは!?　と思ってしまいそうです。バディの描かれ方として「他人の入り込むスキがない」というのはよくありますが、それがあまりに突然すぎて、カーターの妻は完全においてけぼり。しかし、物語としてはそれでよい（かえって盛り上がる）のですよね。こうして、できたてほやほやのバディは、周囲を唖然とさせたまま、「棺桶リスト」（死ぬまでにやりたいことリスト）を持って意気揚々と旅に出るのでした。

先ほどわたしは、おじいちゃん同士のバディが少ない理由として「ふたりともヨボヨボしていると迫力がないからでしょうか」と書きましたが、『最高の人生の見つけ方』がうまいなあと思うのは、老人の弱々しさを打ち消すためにエドワードを超弩級《ちょうどきゅう》の金持ちにしていることです。一代でとんでもない財を築くに至った彼は、王族と会食することもある経済界の要人です。圧倒的な財力と権力。並の金持ちとはレベルが違います。エドワードの金でパーッと景気よく遊びまくるふたりを見ている間は、こちらも彼らの老いを忘れられます。死を背景にした物語ですから、最後は悲しいことになるとわかっているのですが、その予感に震えるのではなく、彼らと一緒にその瞬間瞬間を生きることができるのです。

圧倒的な財力や権力によって、おじいちゃんバディが生き生きして見える現象は、『2人のローマ教皇』★でも起こっています。ローマ教皇と言えば、カトリック教会の最高位聖職者。その権力は絶大です。

本作は実話をもとにアレンジされたストーリーで、ヨハネ・パウロ2世★の死後、第265代ローマ教皇となったベネディクト16世★と、彼の後を託されるこ

★『2人のローマ教皇』…2019年公開、フェルディナンド・メイレレス監督のコメディ映画。英米伊亜の合作で、製作はNetflixによる。ちなみに教皇のうち一人は、レクター教授でおなじみのアンソニー・ホプキンス。2019年ハリウッド映画賞の脚本賞を受賞した。

★ヨハネ・パウロ2世…1920年ポーランド生まれ、2005年没。第264代教皇。在位期間は1978年10月16日〜2005年4月2日。世界各国を精力的に歴訪し、「空飛ぶ教皇」と呼ばれた。

★ベネディクト16世…1927年ドイツ生まれ。第265代教皇。在位期間は2005年4月19日〜2013年2月28日。2013年2月、教皇の立場でありながら辞意表明を行い、世界中を驚かせた。教皇が自ら辞任するのは1294年に第192代教皇をつとめたケレスティヌス5

とになるベルゴリオ★（のちの教皇フランシスコ）が親交を深める様子を描いています。

とても保守的なベネディクト16世からすると、枢機卿《すうききょう》★なのに「立派すぎるから」と公邸に住むのを拒否したり、指定の赤い靴ではなく履き慣れた黒い靴のまま教皇を訪問したりするベルゴリオは、庶民的すぎてチャラいし、なんなら生意気な存在です。教義の解釈に関しても、ふたりはかなりの食い違いを見せるのですが、ベネディクト16世は、自分にはない考えを持つ相手に耳を傾けることも大事だと気づき、「君の反抗的な態度に手を焼いてる」とか言いつつも、ベルゴリオと一緒にいたがるようになります。

一方、アルゼンチンから退職願を手渡すため教皇のもとへとやってきたベルゴリオは、用が済んだらとっとと帰るつもりだったのですが、重責をたったひとりで背負う教皇に心を寄せはじめます（結局退職願は出せずじまい）。同じ様な立場にあるからこそ理解できるしんどさがあるのでしょう。こうしてはふたりは、瞬く間にすてきなおじいちゃんバディへと変貌を遂げるのでした。

ああ、このひとたちは本当にバディになったんだな、と思ったのは、ベネ

世以来らしい。写真うつりが悪いことで有名で、『スターウォーズ』のシスの暗黒卿に似ているとアメリカの週刊誌『The village voice』などでも話題になったほど。

★ベルゴリオ…１９３６年、アルゼンチン生まれ。第２６６代教皇フランシスコ。２０１３年3月13日より在位。初めてのラテンアメリカ出身かつイエズス会出身の教皇となった。２０１９年に来日している。

★枢機卿…カトリックにおける教皇の最高顧問。教皇を直接的に補佐する枢機卿団を構成し、さまざまな職務に従事する。教皇を選出できる選挙権を持つのも枢機卿だけ。およそ１２０名いる。

ディクト16世が、ベルゴリオに誘われるがままピザを一緒に食べるシーンを見たときでした。そもそもベネディクト16世は「ぼっち飯」のプロで、客が来ていても、話があるなら食後に会いましょう、って感じの人物なんですよ。一挙手一投足が注目の的であるローマ教皇にとって、誰かと食事することは苦痛でしかなく、ぼっち飯の方がよほど気楽だったようなんです。でも、ベルゴリオといるときだけは、楽しくて、心地よくて、安いピザでも問題なくて……すっかりガードが解かれています。これが感動せずにいられるでしょうか。

ふたりがシェアした時間は、エドワードとカーターよりずっと短いです。しかしながら、そのわずかな時間で、ベルゴリオはベネディクト16世の孤独を癒し、思考や行動をじゃんじゃん変えていきます。なんたってベルゴリオは、ラスト近くでベネディクト16世とタンゴを踊ることに成功していますからね。ピザを食べさせただけでもすごいのに、タンゴまで……。とんだひとたらしですよ、ベルゴリオは（笑）。

おじいちゃんふたりにほんわかしながらも、彼らの背景に宗教という大きな問題が横たわっていることを忘れるわけにはいきません。ふたりは新旧ローマ法王。彼らの関係は、カトリックの世界に少なからぬ影響を与える可能性があります。つまり『2人のローマ教皇』は、個人的な友情の物語である一方で、世界的に著名な宗教家ふたりの物語でもあるのです。このスケールの大きさが、作品に広がりと強度を与えているのは間違いありません。

おじいちゃんバディの尊さを演出するには、とてつもない財力や権力をスパイスとすべし。そうすれば、しょぼくれた老人によるしょぼくれた友情物語にならなくて済む。ひょっとすると、財力や権力じゃなくても、「極端な要素」をなにかひとつ入れるだけで、物語はにわかに活気づくのかも。あなたなら、どんな要素を入れますか……？

少子高齢化が叫ばれるこの世の中で、年を重ねてからでもかけがえのない相棒に出会えるというメッセージを発信するのは、大事なことだと思います。すでにある人間関係、社会関係が人生の基礎であり、老後はその中で小さくまとまってなくちゃいけないというのが、単なる思い込みに過ぎないこと。人間はもっと自由に生きていいこと。それをフィクションの形で伝えることは、決して無駄ではないと思うのです。

ちなみに、わたしが専門とする少女マンガの世界では、おばあちゃんヒロインが活躍する物語★がじわじわと増えてきています。これをわたしは、年を取ってからも新しい経験をしたいとか、誰かに出会いたいとかいう欲求が肯定されつつある証左と見ています。ひとむかし前だったら、老人の物語なんてヒットしない！と言われて終わりだったかもしれませんが、世の中はつねに進歩しているのですよね。おじいちゃんバディにだって、きっともっと需要があるはず。というか、今回2作品を鑑賞して、こういう作品をもっと観たいなと思いました。創作に携わるみなさん、どうかよろしくお願いします！

おじいちゃんバディにもっと光を——という提言を、読者のみなさんと共有するとともに、あのIさんにも伝えねばなりません。あの頃、山形で一番ジジイ映画に詳しかったであろう彼女にも賛同してもらえるといいな……。

★おばあちゃんヒロインが活躍する物語…最近では、たらちねジョンによる『海が走るエンドロール』が人気。夫と死別した65歳のうみ子が美大に通い、映画制作を学ぶというストーリー。「このマンガがすごい！」2022、2023に連続ランクイン、「マンガ大賞2022」では第9位に入賞した。他にもBLマンガを愛でるバディを宮本信子と芦田愛菜が演じて映画化された、鶴谷香央理による『メタモルフォーゼの縁側』、80歳にして独立を試みる主人公を扱った、おざわゆきによる『傘寿まり子』もおすすめ。元気な女性を見ると、我々の未来も明るいと思えて嬉しい。

11章

あなたがいたから私がいる……ライバルバディ

全力でぶつかり合う唯一無二の関係

最初は水と油のようでも最終的にばっちり意気投合するバディがいる一方で、最後まで馴染みきらないバディもいます。ライバル関係にあるバディがそうです。ライバルという「絶対に負けたくない相手」を敵視しつつも徹底的に観察・分析し、克服しようとする。だからこそ、相手のことを誰より深く理解できてしまうけれど、決して仲よしこよしというわけではない。その非常にねじれた（しかし熱い）関係がライバルバディのいいところですよね。仲が良い／悪いといった単純な二元論を超えていく様子が、見る者の心を掴んで離しません。

わたしがライバルバディと聞いて思い出すもっとも古いものは『トムとジェリー』★です。小さい頃、夕方の地上波放送で流れているのをよく観ていました。ネコのトムとネズミのジェリーによる終わりなき攻防戦が見どころなのはみなさんもご存じだと思うのですが、ときどきイレギュラーな回があるんですよ。ジェリーが他のネコに食べられそうになるとトムが全力で助けたりするんです。

★**『トムとジェリー』**…ウィリアム・ハンナとジョセフ・バーベラ、二人のアニメーターの創作による、1940年から続く短編アニメーション映画シリーズ、およびテレビアニメシリーズ。作品中によく出てくる穴のあいた三角のチーズは、チーズフォンデュなどに使われるエメンタールチーズ。

で、一瞬「なんてやさしいの〜!」と感動するんですが、次の放送回にはまたしょうもない理由で追っかけっこをしているんですよね。子ども心に不思議でした。仲良くしたいのか、ケンカしたいのか、どっちなんだ、と。

しかし、いまならわかります。トムが日頃あれだけぶちのめそうとしているジェリーを第三者から救ってあげるのは、主題歌のサビにも出てくる「仲良くケンカしな」★状態を維持するためです。「ケンカップル」もそうですが、ケンカという形でしか繋がれないふたりがこの世にはいるのです。ケンカップルにとってケンカは特別な相手とするもの。ただ暴力的なだけの第三者は端《はな》からお呼びでないから、トムはジェリーをよそ者から救い出すのです。そうすることで、ふたりの仲良し×ケンカ状態はずっと続いていきます。

ただし、手加減なしのぶつかり合いを一種の愛情なんだと視聴者に理解してもらうためには、お互いが同じくらいエネルギッシュでなくてはなりません。どちらか片方だけが強くても、弱くても、ダメ。けっこう繊細な関係調整が必要なのですよね。その点、トムとジェリーは種の違いこそあれ、同じくらいのエネルギーをうまいことぶつけあっています(だからいじめに見えない)。虚弱

★『仲良くケンカしな』…日本オリジナルの主題歌『トムとジェリー』のサビの一節。作詞作曲・三木鶏郎、歌うのは梅木マリとフォー・コインズ。

な中年（わたしです）には、もうあんな愛情表現はできません。飽くことなく全力で追いかけっこを続けるあの二匹には、本当に感心してしまいます。

ところで、ライバルバディは、仕事でもスポーツでもいいんですが、なにがしかの「取り組むべき事柄」についてバチバチと火花を散らすのが基本なので、バチバチし続けているうちに、成長することも多いです。

『ドラゴンボール★』シリーズの悟空★とベジータ★がわかりやすい例ですが、彼らは武道を極める者同士として何度も対決をして、お互いの成長を感じ取っていますよね。その都度、勝った／負けたの結果は出るけれど、それで終わりじゃありません。次があるからがんばれる。そうしてどんどん強くなった先には、外野が口を挟めない、「ふたりにしか分からない世界」が待っています。他にも、『ガンダム★』シリーズのアムロ★とシャア★とか、『ガラスの仮面★』の亜弓★とマヤ★とか、『エースをねらえ！★』の岡ひろみ★とお蝶夫人★とか、成長し続けるライバルバディは枚挙にいとまがありません。

いま挙げた『エースをねらえ！』は1970年代に連載されていた作品なの

★『ドラゴンボール』…1984～95年まで『週刊少年ジャンプ』で連載された鳥山明の少年マンガ。コミックスはもちろんアニメや映画は世界中で愛され、「かめはめ波」を出そうするムーブは世界共通の動画投稿ネタになった。2024年、鳥山明逝去のニュースには、世界中から哀悼の声が届いた。

★悟空…『ドラゴンボール』の主人公。サイヤ人の母星・惑星ベジータから地球にやってきた、「地球育ちのサイヤ人」。得意技は、かめはめ波。幼少期は亀仙人に鍛えられ、やがては神や界王に鍛えられた最強の存在。作中、何回死んだかわからない。

★ベジータ…惑星ベジータの王子。並外れた戦闘力を持つ残虐な悪の戦士として登場。悟空たちとの闘いを経て、精神的に少しずつ成長していく。まさかブルマとくっつくとはびっくり。二人の息子がトランクス。

で、若い世代は未読かもしれませんね。お蝶夫人のことはギリギリ知っていても、彼女が作中でどんなことをしたのかまでは、把握していないかも。しかし彼女はライバルバディ界でもかなり優秀なひとなのです。ヒロインである岡ひろみに対する厳しさと愛情深さは異様と言ってもいいほどで、ライバルであることとバディであることを、こんなにも両立しているキャラクターはそうそういません。ただのお高くとまったお嬢様テニス選手だと思われては困ります。

けっきょく冷たくはしきれない
やっぱりこんなにあなたがかわいい
こんなにもあなたの苦しむ顔を見るのがつらい
そのあたくしをふりきって
この気持ちをよくもふみにじって――と
にくもうとしたけれどけっきょくは…
そのすなおさ そのひたむきさ
やはりひかれる

★『ガンダム』シリーズ…1979年〜80年に放映されたサンライズオリジナルのロボットアニメ『機動戦士ガンダム』に端を発するアニメシリーズ。現在に至るまでシリーズを改めながら、新作が発表され続けている。アニメ最新作は『機動戦士ガンダム 水星の魔女』で、テレビシリーズ初の女性主人公が登場し、話題を集めた。

★アムロ…『ガンダム』シリーズ・第1作『機動戦士ガンダム』の主人公、アムロ・レイ。突然攻撃を受けたことで、地球連邦軍のガンダムに搭乗し、侵略をねらうジオン公国軍と戦うことになる。自ら志願したわけでもないのに、地球最強の兵器をうまく操れるのは自分だけという立場になってしまい、戦いを宿命づけられる。「親父にもぶたれたことないのに」のセリフはあまりにも有名。CMなどで古谷徹の声を聞くといまだに「アムロだ」と思ってしまう。

自分に憧れてテニスをはじめ、いまや自分に追いつき追い越そうとしているヒロイン・ひろみに対して、お蝶夫人はこんなことを思っています。自分の思い通りに動いてくれなくなったひろみを憎もうとしたこともあったけれど、どうしても無理だったのですね。やがて彼女は、ひろみがプロとして世界に通用する存在になるために、自分の持てる全てを与えようと思うまでになります。そして、そんな彼女の胸の内を、ひろみはちゃんと理解しています。

あなたをたおそうとたたかうことは
あなたにそむくことではないのですね
あなたにおそわったこの世界に
こんなにわたしがうちこんで
あなたをたおす気にまでなったことを
よろこんでくださるのですね

★シャア…ジオン公国軍のエースパイロット、シャア・アズナブル。赤いザクに搭乗し、「赤い彗星」の異名で恐れられる。めちゃイケメンなのに常にマスクをつけて素顔を隠しているのは、素性を隠してザビ家に復讐するため。本名はキャスバル・レム・ダイクン。妹は地球連邦軍にいる「セイラさん」で、彼女も素性と本名を隠している。

★『ガラスの仮面』…1975年から『花とゆめ』(白泉社)で連載が開始された、美内すずえによるマンガ。「紅天女」という伝説の役を欲する二人の天才女優のバトルと成長を描いた。テレビアニメ化、ドラマ化、舞台化などメディアミックス作品も多数ある。50年たっても未完。驚くと黒目がなくなる絵柄が特徴。

★亜弓…『ガラスの仮面』の登場人物、姫川亜弓のこと。主人公マヤのライバル。映画監督の父、大女優の母をもつ、サラブここには、ライバルバディのなんたるかがはっきりと描かれています。ライバルと戦うことは、相手に背くことではなく、むしろ全力でぶつかるのは、歓迎すべきことなのです。お蝶夫人は、強がりでもなんでもなく「これであたくしのすべてをだしつくしたかいがあったわ」と喜んでいます。他人からはライバルが対立しているように見えるのかもしれません。しかし、本人たちの気持ちは対立を超えたところにあるのです。

『エースをねらえ！』は、このあと世界に羽ばたくひろみを描いていきます。お蝶夫人はとても強い選手ですが、ひろみと共に世界を目指せるかというと、そこまでではないんですね。聡明なお蝶夫人はその残酷な事実をはっきりと自覚しています。

ひろみの世界進出によって、ふたりのバディ関係は終わってしまうのでしょうか。トムとジェリーのように同じくらいエネルギッシュじゃないとライバルバディが成立しないのであれば、実力の点でひろみにかなわなくなったお蝶夫人は、役目を終えたようにも思えますが、この作品は、お蝶夫人をひろみの精神的なサポート役に据えることで、新たなバディ関係へと移行させています。

レッド。天性の才能と美貌を兼ね備えており、プライドも高い。演劇に燃えるような情熱を傾ける。

★マヤ…『ガラスの仮面』の主人公、北島マヤ。一見、普通の女の子だが、とてつもない貧乏。かつての大女優・月影千草に演劇の才能を見出され、女優の道を踏み出す。台本のセリフを一度で覚えられる憑依型。

★『エースをねらえ！』…山本鈴美香によるマンガ。1973年〜75年、および1978年〜80年まで『週刊マーガレット』に連載された大ヒットマンガ。スポーツ根性（スポ根）として知られ、アニメ化、テレビドラマ化などもされている。「エース」という言葉の意味を日本中に広めた意味でも偉大なマンガ。

★岡ひろみ…『エースをねらえ！』の主人公。高校テニス界の名門に入学し、お蝶夫人に憧れてテニス部に入部した。めエネルギッシュである、とはなにも肉体的なことだけを言うのではありません。精神的にエネルギッシュということでも、全然いいのです。

　こうしてお蝶夫人は引き続きひろみの相棒をやることになったわけですが、精神的な支えになるというのは並大抵のことではありません。なぜなら、ひろみのことはお蝶夫人が支えますが、お蝶夫人を支えてくれるひとはいないからです。ひろみを叱咤激励するお蝶夫人の言葉の裏に、どれだけの決意と孤独が潜んでいるかは、想像を絶するものがあります。バディだからと言って、いつでも対等でなんでも分かち合えるわけではないのです。でも、ひろみだけが得をしているかと言うと、そんなことはありません。世界に出て行くひろみを支えているということが、お蝶夫人の自信にもなっているはず。選手としては先を越されてしまったけれど、まだひろみのためにやれることがある。ひろみのバディであることから逃げずにいるのが、お蝶夫人のなによりカッコいい点だなと思います。ライバルバディとしてのもっとも美しく気高いあり方をわたしたちに示していると言っても過言ではありません。

ちゃくちゃスパルタな宗方コーチにしごかれ、奮闘する。

★お蝶夫人…『エースをねらえ！』の登場人物。テニス部のスタープレイヤーで生徒会副会長。お蝶夫人は愛称で、本名は竜崎麗香だが、あまり知られていない。美しさとテニスの実力を兼ね備え、実家もお金持ちのうえに人格者という完璧人間。下級生の憧れ。

★『宇宙兄弟』…小山宙哉によるマンガ。２００７年より『モーニング』にて連載がスタートし、２０２４年現在も続いている。テレビアニメ化、実写映画化、アニメ映画化がされている。累計で３１００万部を突破している。詳しくは15章参照。

★六太&日々人兄弟…『宇宙兄弟』に出てくる兄弟。詳しくは15章参照。

★『推しの子』…原作：赤坂アカ、作画：横槍メンゴによるマン

今回はライバルバディの例をスポーツ界から持ってくることが多かったですが、どこの世界にも、ライバルバディやその予備軍はいます。15章でご紹介する『宇宙兄弟』★の六太《むった》&日々人《ひびと》兄弟★は、ともに宇宙を目指すライバルバディであると同時に最強の兄弟バディでもありますし、『推しの子』★は、アイドルの星野瑠美衣《ほしのるびい》★（ルビー）が、元天才子役の有馬かな★とバチバチしながらもお互いの才能を認め合っていて、なにかのきっかけにバディ化してもおかしくありません。大人の恋模様を描いた『アラサーちゃん』★では、文系くんをめぐってライバル関係にあったアラサーちゃん★とゆるふわちゃん★が最終的に文系くんそっちのけで女バディになります。

フィクションの世界ではのびのびと活躍しているライバルバディですが、現実世界で一般人がまねするのはかなり難しいのではないかと思います。同じ道を目指す者同士で、バチバチしながらも、お互いに成長していける相手とバディになる。それってかなりハードルが高いですよね。ただのライバルや仮想敵なら見つかるかもしれませんが、そこからバディ関係になれる存在となると、途端に適任者がいなくなってしまうような……。もしそういうひとと出会えた

ガ。2020年より『週刊ヤングジャンプ』にて連載がスタートして2024年現在も続いている、異色の転生もの。アニメ化がヒットしたのに加え、YOASOBIの主題歌「アイドル」が世界的にヒットしたことでも話題になった。

★星野瑠美衣（ほしのるびい）…『推しの子』の主人公、星野愛久愛海（ほしのあくあまりん）の双子の妹。職業アイドル。

★有馬かな…『推しの子』の登場人物。生まれたときから芸能活動をしており、天才子役だったが、思春期に入って自身の旬は過ぎたと思っている。女優でありながら、ルビーと同じアイドルグループに所属している。

★『アラサーちゃん』…峰なゆかによる4コママンガ。2011年〜19年まで『週刊SPA!』で連載しており、深夜帯でドラマ化もされた。アラサー世代の恋愛模様や人間関係を赤裸々

ら、それはかなりラッキーなこと。絶対に逃してはいけません。

につづって話題に。著者の峰さん自身の観察眼が恐ろしいほど冴えているため、マンガでも鋭い考察が爆発している。読んでいると時々峰さんが怖くなる。

★アラサーちゃん…『アラサーちゃん』の主人公。巨乳でスタイル美人だが、好きな人の前では弱気。初期設定では文系くんに恋をしており、元カレのオラオラくんとセックスフレンドの関係にあったが、後に結婚にいたる。ドラマ版では壇蜜が演じた。

★ゆるふわちゃん…『アラサーちゃん』の登場人物。身長が低くて細く、あざとい言動で男子を振り回す女子の典型キャラ。ドラマ版では金子みひろが演じた。

12章

「シンメ」と「ケミ」

アイドルグループの中からバディを見つける宝探し

バディと同じ、とまでは言えないけれど、重なるところがある概念に「シンメ」があります。

これは「シンメトリー」の略で、辞書的には「左右（もしくは上下）対称で、バランスが取れていること」を意味しますが、この国にはアイドル用語としての「シンメ」というのがあって、こちらは「左右対称で踊るふたり組」のことです。つまりはダンスのフォーメーションから生まれた言葉なのですが、アイドルはたいてい踊るだけじゃなくて歌いますから、同じパートを歌ったりハモったり、というのもシンメに含まれます。

シンメがグループ内で完全に固定されているのか、曲によって変わるのかは、グループによって違いますが、いずれにせよアイドルグループの中に特別なふたり組が存在しており、それがファンの心をぐっと掴んでいるのは事実です。

では、シンメとバディのなにが同じで、なにが違うのでしょう。バディの多くは、いわゆる凸凹コンビであり、性格はもとより、体格やファッションといったビジュアル面においてもギャップがあります。それは二者の違いを際立たせ、魅力的なものとして見せると、物語がうまくドライブするからです。

しかし、シンメは違います。彼らはまるで鏡うつしのように息の合った動きを見せるから美しいのであって、シンクロしていればいるほどシンメとしての威力を発揮します。性格はバラバラでも問題ありませんが、パフォーマンスをしている間は、一定程度の相似性や統一感が求められる。わかりやすいギャップがなくても別によいのです。

その一方で、ダンスパフォーマンスの都合上（つまり仕事の都合上）組まされたシンメが、やがて親友のような関係を形作っていく流れは、バディと同じです。仕事の精度を上げるためには、相手のことをよく知らなければならないし、そうなれば単なる好き嫌いを超えた関係にもなっていく。その様子がファンからすれば非常に尊いのですよね。事務所やメディアもそれをわかっていて、彼らの関係性を見せるべくシンメのグラビアを撮影したり、シンメの対談を収録したり、といったことをよくやります。

日本のアイドルグループを考える上で避けて通れないので、いまからジャニーズアイドル★の話をしますが、ジャニーズのシンメと言えば、やはり光GENJI★の「光」★＝内海光司★と大沢樹生★がその嚆矢でしょう。当時はまだシンメという呼称がありませんでしたが、内海＆大沢の動きはすでにシンメのそれです。

とくに3枚目のシングル「パラダイス銀河」★の振り付けは、彼らのシンメぶりをよく表しています。ステージ中央で踊るGENJIたち5人★のまわりを光のふたりがローラースケートでぐるりぐるりと回るんですよ。もともとイーグルスというグループにいた光のふたりと、ジャニーズ内でのローラースケートレッスンを経て結成されたGENJIの5人を合体させたグループだからそうなった、ということもあるでしょうが、グループ全体の統一感ではなく、「2：5」のコントラストを際立たせるとともに、内海＆大沢がシンメであることをはっきりと示しているのがおもしろいですよね。

グループだからってみんなで同じことをしなくてもいい、みんなの中に別の動きをするふたり組がいたっていい、という価値観自体はすごくいいと思いま

★ジャニーズアイドル…2023年に株式会社STARTO ENTERTAINMENTへと名前を変えた、旧ジャニーズ事務所に所属していたアイドルのこと。旧ジャニーズ事務所は、男性アイドルに特化し、デビュー前の子たちは「ジャニーズJr.」として育成された。旧ジャニーズ事務所所属のアイドルを愛でる人たちを「ジャニオタ」、事務所改名後「スタオタ」と呼んだが、呼ぶかどうかは賛否ある模様。

★光GENJI…1987年にデビューした7人組のアイドルグループ。「ガラスの十代」「パラダイス銀河」「Diamondハリケーン」などのヒット曲をリリースした。ローラースケートを履いて踊りながら歌う演出は衝撃的だった。当時の小学校では、光GENJIを好きなことは前提として、誰が好きかでよく議論になった。センターを務めた諸星和己は、当初こそ人気だったが、次第にアッくん（佐藤敦啓）に人気が移って

す。とかく同調圧力に支配されがちな日本社会において、そこから解放してくれるような存在はそれだけでもうありがたい。あと、アイドルグループの中でみんなと違う動きをするのがたったひとりのセンターであれば、ワン&オンリーであることがカッコいい反面、ちょっぴり寂しい感じもしますが、シンメならば相棒と支え合うことができます。多様性を大事にしつつ孤独を回避する術として、シンメは非常に有効なんじゃないでしょうか。

光GENJI以降もジャニーズのシンメは続々と生み出されていき、いまでは各グループにひと組は必ずいるという状況になっています。わたしの世代（1979年生まれです）だと、森田剛★と三宅健★による「剛健」がつとに有名です。彼らはジャニーズJr.時代からのシンメで、V6★結成時に「剛がいないんだったらデビューしない」と三宅健が言ったことは、ファンの中ではよく知られています。シンメがアイドル自身にとっても大事な支えであるとわかるエピソードですよね。

剛健というシンメの「ニコイチ」感は、実際のパフォーマンスを見るとよくわかります。集団の中からふっとふたりが浮上してくる瞬間があって、グルー

いった記憶がある。1995年、解散。

★**光GENJIの光**…7人グループではあったが、年が上だった内海光司と大沢樹生の二人を光とし、残る年下グループはGENJIとされた。

★**内海光司**…1968年生まれの元ジャニーズタレント。元・光GENJI。現在もジャニーズ事務所の流れを組むSTARTO ENTERTAINMENTに所属し、舞台やミュージカルを中心に活動している。

★**大沢樹生**…1969年生まれの俳優。元・光GENJI。光GENJIの解散前に佐藤寛之と共に脱退、同時に旧ジャニーズ事務所からも独立して俳優業を中心に活動を続けている。

★**「パラダイス銀河」**…光GENJIの3番目の楽曲。作詞作曲はCHAGE and ASKAの

プもしくはソロで歌い踊っているときとはまた違ったエネルギーが場を支配しはじめるのですよね。彼らを見て陶然とする観客の顔を見るたび、「ああ、これがシンメというものか」と納得します。ふたりでパフォーマンスすることが、1＋1＝2という単純な計算にはならず、2以上のなにかを生み出す。シンメを推す人びとは、この奇跡に圧倒されたいのです。そしてその欲求は、いまやジャニーズ以外のアイドルにも当然向けられているものです。

日本のシンメが、おおむね「ダンスパフォーマンスのシンクロ率に重きを置いたふたり組」だというのを押さえた上で、ここからはおとなり韓国の様子を見てみましょう。

韓国には「ケミ」★（ケミストリーの略）という言葉があります。これは相性ピッタリのアイドル（や芸能人）に対して使う言葉なのですが、ダンスのフォーメーションなどとはあまり関係がありません。あくまでふたり組の仲よしぶりを表現するための言葉で、「ケミが爆発する」「ケミがあふれてる」といった使い方をします。ケミストリー＝化学反応だから、すごすぎるとあふれ

ASKA。1988年に第30回日本レコード大賞を受賞し、光GENJIの代表曲として知られる。

★GENJIたち5人…年下組の諸星和己、佐藤寛之、山本淳一、赤坂晃、佐藤敦啓の五人。

★森田剛…1979年生まれの俳優・アイドル。ジャニーズのアイドルグループ・V6で活動し、さまざまなドラマやテレビ番組に出演。2021年11月1日のV6解散後、ジャニーズ事務所を退所した。現在は、妻で俳優の宮沢りえと共に設立した事務所に所属し、役者をメインに活動している。主演した映画『ヒメアノ～ル』は相当ヤバかった（最高）。

★三宅健…1979年生まれの俳優・アイドル。2021年11月1日のV6解散以降もジャニーズ事務所に所属し、ソロ活動を続けたが、2023年5月2日をもってジャニー

たり爆発したりするわけですね。シンメもバディも基本的には爆発しないので、ケミはかなり高エネルギーだなと思います。

特別なふたり組に注目したくなるファン心理は同じでも、ダンスや歌の要素をそこまで勘案しないケミは、シンメと比較すると、より「プライベートな親密さ」を意識させるものになっています。ファンは仕事とプライベートの垣根を越えるリアルな仲の良さ（およびそこから推し量られる愛や恋といった感情）にも尊さを感じたいのでしょう（韓国のライブやドラマのメイキング映像にはしばしばケミ萌えしたいひとたちに向けたサービスカットが入っています）。そうした欲望を受け止めねばならないアイドルとは、本当に大変な仕事だと思います。ただ、ケミというのは、ファンから一方的に認定される関係ではなく、アイドル自身がケミ名をつけたりすることもありますし、練習生時代（デビュー前）から強い絆で結ばれていて、本当に仲がいいこともあるんです。そう考えると、日本のシンメよりは幅があると言えるのかもしれないですね。

大学や出版業界で働いていて「あのひとと組むと仕事がめっちゃうまくい

ズ事務所を退所。現在は、滝沢秀明が設立した芸能事務所TOBEに所属し、音楽アルバムを発売するなど活動中。手話が得意。

★V6…1995年にシングル「MUSIC FOR THE PEOPLE」でデビューした6人組グループ。年上3人のトニセン（20th Century）と、年下3人のカミセン（Coming Century）の二つから成る。『学校へ行こう！』『V6の素』『VivaViva6』など、数々の冠番組を持ち活躍した。2021年11月1日に解散。

★ケミ…韓国のケミといえば、BTSの中だけでも大量にある。グテ（ググとテテ）、クサズ（94年生まれ同士のホビとナムさん）、クオズ（95年生まれのテテとジミンちゃん）、ググミン（ググとジミンちゃん）、SOPE（シュガとホビ）などなど。

く」と感じることがあります。すごい相性のよさだ。これは運命かもしれない。そんな風に思うことが実際にあるんです。しかしそれはどう考えてもシンメとは別物です。そもそも物書きはダンスをしませんし、ビジュアル面での統一感とかもとくに必要ないので……。そしてプライベートな親密さが絶対必要というわけでもないので、ケミでもありません。

と、このように考えると、アイドルのシンメやケミというのは、素人がおいそれと真似できるものではないのかもしれません。

でも、ファンとして愛でるのであれば、純粋にたのしいものですよね。グループの中に特別なふたり組を見つけだす一種の宝探しですから、たのしくないはずがないのです。宝物のようなふたり組を見つけて、愛でて、より磨かれていく様子を見守る。そう、成長変化していく過程を見守れることも、魅力のひとつです。韓国ドラマ『トッケビ』★なんて、もう8年も前のドラマですが、当時のキャストが別の作品や広告で共演するといまだにファンがキャー！（というかギャー！）となってますからね。コン・ユとキム・ゴウンの主演カップルだけじゃなく、作中から生まれた複数のケミがいまもなお愛され続けていま

★『トッケビ』…言わずと知れた大ヒット韓国ドラマ。2016年のドラマにもかかわらず、未だに言及されるほど刺さるドラマ。韓国でも異例の高視聴率で数々の賞を受賞し、コン・ユの人気を決定づけた。

す。

シンメやケミの賞味期限はとても長い。逆に言えば、ひとつの集団の中にすばらしいふたり組を誕生させることが、グループや作品の延命を左右するのかもしれません。

13章

絵本の中のバディ

「友達100人できる」前に知っておきたいこと

3章の原稿で、『ちびまる子ちゃん』（まる子とたまちゃん）と『サザエさん』（磯野と中島）について書いたのですが、わたしが詳しく知らないだけで、大人がグッと来る子ども向けバディってもっと存在するんじゃないかと思い、絵本の専門店に行ってみました。

まずは店内を一周し、タイトルと表紙を見てそれらしきものを抜き出していきました。『ぐりとぐら』★『バムとケロ』★『スーホの白い馬』★『モチモチの木』★……このひとたちもふたり組だ！　え、これって相棒ってことじゃない!?　バディものと言えそうな作品がじゃんじゃん出てきます。やはり絵本はバディものの宝庫だったのです。

読んでみて気づいたのは、絵本の世界では「最初からバディがいる」設定でもOKということ。大人向けの作品だと、バディになる「きっかけ」から描くのが定石ですが、絵本ではそこにあまり重きが置かれていないのです。公園で遊んでいたらいつの間にか仲良くなっちゃうのが子どもという生き物なので、

★**『ぐりとぐら』**…中川李枝子&山脇百合子の姉妹による子供向け絵本のシリーズ一作目。シリーズ累計では2600万部を超える売り上げを誇り、50年以上愛され続けている。ラストに出てくるカステラがあまりにもおいしそうに見えるため、本物のカステラを食べて「コレじゃない」となるまでが通過儀礼。

★**『バムとケロ』**…島田ゆかによる絵本シリーズ。1994年に刊行された『バムとケロのにちようび』を一冊目とするシリーズ5作のほか、豆本やグッズも販売されるなど大人からも人気を集めている。

★**『スーホの白い馬』**…モンゴルの民話を大塚勇三が翻訳した絵本。モンゴルの伝統楽器・馬頭琴の由来にまつわる物語。小

きっかけはなんでもいいのかもしれません。

『ぐりとぐら』もまさにそういうお話です。ちいさな二匹の野ねずみは、いつも一緒が当たり前。ちなみに、赤&青の服で色分けされているので男女っぽく見えるかもしれませんが、実は男バディです（ベタなジェンダー観を軽々と突破していくような設定が痛快ですね）。彼らは森の中で巨大なカステラを焼いたり、夏は海水浴に行ったりして、豊かな暮らしを満喫しています。

『バムとケロ』も最初から同居している仲よしバディです。好奇心旺盛なカエルのケロちゃんがやらかして、犬のバムがやさしくフォローするのが常です（ケロちゃんが焼いた黒こげパンケーキをバムが文句ひとつ言わず食べるシーンは必見です）。バディ間でお世話する／される関係になることはよくありますが、バムのケア上手ぶりはかなりのもの。ちょっと家族っぽいというか、世話焼きのお母さんや面倒見のいいお兄ちゃんを思わせます。

がまくんとかえるくんの物語★（『ふたりは　いっしょ』『ふたりは　ともだち』などに登場）もバディものと言っていいでしょう。二匹のカエルがご近所暮らしをしながら友情を深める様子が、とてもチャーミングに描かれています（作者

学校の国語の教科書で出会った人多数。

★『**モチモチの木**』…斎藤隆介の物語と、独特の切り絵で知られる滝平二郎による絵本。近年になっても、小学校で採用するほぼすべての教科書に掲載されている。

★**がまくんとかえるくんの物語**…アーノルド・ローベル著の40年以上も愛されている翻訳絵本シリーズのキャラクター。翻訳は、作家の三木卓。後に映画『震える舌』を見た担当編集は、同名異人だと思っていた。

★**アーノルド・ローベル**…1933年生まれ、1987年没のアメリカの絵本作家。動物たちを登場人物にする絵本を数多く刊行した。「がまくんとかえるくん」シリーズが代表作として知られる。結婚し子煩悩な父親でもあったが、後に同性愛者であることを告白して家を出た。

のアーノルド・ローベル★が同性愛者だったことから一種のBLとして読むひともいます）。身長差、体格差がはっきり描かれているあたりも、凸凹バディ感がわかりやすく出ていていいんですよね。

がまくん&かえるくんシリーズのファンだという編集担当のSさんが、「おてがみ」★というエピソードをおすすめしてくれたので読んでみました。これまで手紙をもらったことがないと嘆くがまくんのために、かえるくんがダッシュで帰宅するや手紙を書き送り、またがまくんのところに戻ってきて手紙がやってくるのを一緒に待つというお話なのですが、思わずかえるくんに惚れそうになりました。なんていいやつなんだ〜〜〜。Sさんがおすすめしたくなるのもよくわかります。

ちょっとマイナーな作品かもしれませんが、人間とネズミの親子二代にわたる友情を描いた『ないしょのおともだち』★もすばらしかったです。同じ家に暮らす人間の女の子とネズミの女の子が、毎日あいさつするようになり、大きくなって結婚して子どもを生んだら、今度はその娘同士が毎日あいさつをするようになって……という展開で、ふたりが一定の距離感を保ちながらも、お互い

★「**おてがみ**」…文科省採択の小学校低学年用の国語教科書すべてに掲載されている。ちなみに、ほかにすべての小学校国語教科書に掲載されている作品は新美南吉「ごんぎつね」と民話「おおきなかぶ」だけである（2024年現在）。

★『**ないしょのおともだち**』…アメリカの作家ビバリー・ドノフリオ作、バーバラ・マクリントック絵、のコンビによる絵本の翻訳。2009年刊行。細部まで描き込まれた絵なので何度でも楽しめる。

の人生をずっと見守っていくというストーリーになっています。バディというと、一緒に行動するとか、しょっちゅうコミュニケーションを取るのが当たり前みたいに思ってしまいますが、人間／ネズミの領域を侵犯せず、あいさつだけで繋がる関係も、とても美しいと思いました。そしてこれは絶対にネタバレしたくないんですが、ラストシーンがとてもいいんですよ。母の時代にはできなかったことを、娘たちがひょいとやってのける。二代目バディの大躍進とでも言いましょうか。それがとにかく最高であるとだけ書いておきます。

細部の違いはいろいろとありますが、絵本の中のバディは最初から成立しており、その多くが日々の暮らしをのんびりとたのしんでいます。物語を盛り上げるためにちょっとしたイベントや事件が起こらないわけじゃありませんが、核の部分にあるのは、ただともに生きているだけで尊いのだというメッセージです。その穏やかで愛情深い暮らしは、老後の生活を思わせるほどです。子どもの読みものに老後を感じるなよという話ですが、ほんとに穏やかで暖かくて、理想の老後としか思えない……。子ども向けの物語には、恋愛とか性の要素をほとんど入れられないので、結果として老後の穏やかさに近づいていってしまうのだと思います。

とは言え、絵本の世界は広いので、穏やかな老後系とは正反対の、「バディに事件が起こる系」の話もちゃんとあります。時折、ワクワク&ドキドキを通り越して悲しい気持ちになる作品もあるので心の準備をしておいた方がいいかもしれません。

まずは、名作絵本として名高い『スーホの白い馬』をご紹介しましょう。スーホという名のまずしい羊飼いの少年と、彼が助けた白馬の物語です。人間と動物の話なので、言葉による意思疎通はできないわけですが、愛情深く育てる／育てられることによって、スーホと白馬の間には種を超えた絆が生まれていきます。

しかし、幸福な時間は長く続きません。あろうことか、スーホが金持ちの殿様に白馬を奪われてしまうのです。殿様はかっこいい白馬を手に入れたいだけの暴君で、スーホにも白馬にも全然やさしくないという最低最悪野郎です。そのため白馬も殿様に懐いたりはしません（白馬のお世話は家来がやっているため、殿様との間に絆が生まれるはずもないのでした）。

白馬が殿様を落馬させ、背中に矢を受けながらも必死でスーホの元に帰ろうとするクライマックスシーンは、息を呑むような緊張感。命の危険を冒してまで相棒の元に戻る白馬は、まさにバディの鑑です。これだけでも十分泣けるバディものですが、さらにそのあと、スーホがとある方法によって白馬と永遠のバディになろうとするんですよね。この方法というのが、なんというか、愛と悲しみがないまぜになるような方法で、読んでいるこちらの情緒がヤバいです（心がめちゃくちゃ）。子どもが読んでも打ちのめされるとは思いますが、大人になってから読むとより高い解像度で物語を読めてしまうがゆえにダメージがでかいと思います。とにかくとんでもない傑作バディものなので、みなさんもダメージ覚悟で読んでみてください。

人間と動物など、異種間のバディであっても不思議と異和感なく読めるのが、絵本のいいところですよね。『ラチとらいおん』★に出てくるのも、人間と動物のバディです。主人公の「ラチ」は、あまりにこわがりなので、みんなからば

★**『ラチとらいおん』**……ハンガリーの国民的絵本作家、マレーク・ベロニカの代表作を翻訳した絵本。黄色とオレンジと緑の3色だけで色付けされた絵のセンスも相まって、50年以上愛されている。

かにされ、仲間はずれにされている男の子です。しかし、そんなラチのもとに、ある日らいおんが現れます。ちっちゃいけれど力持ちのらいおんは、弱虫のラチを助ける心強い相棒になります。たとえば、暗がりを怖がるラチに「じゃ、ぼくが　ついていってあげよう」とらいおんが言うと、らいおんが近くにいるなら大丈夫とばかりに、ラチの恐怖心が薄れていくのです。らいおんの力を借りて苦手なものを克服していくラチを見ていると、バディというのは、即効性のある成長促進剤だなと痛感します。もしもラチがたったひとりでがんばっていたら、こんな短期間で勇敢になることはできなかったでしょう。

ラチがらいおんのことを最高のバディだと認識しているのとは裏腹に、らいおんはラチとの付き合いを期限つきのものだと思っているというのが、この作品の切ないところです。ラチがさまざまな苦手を克服し、すっかり成長すると、らいおんは置き手紙ひとつでラチの元を去ってしまいます。読者はここで、らいおんの使命が弱虫のラチをどうにか成長させ、友だちの輪の中に戻してやることだったのだと気づきます。ラチはらいおんのことを相棒だと思っていたでしょうが、らいおんはむしろラチを自分の元から卒業させたかったのです。

子どもが成長していく上で、なにかを卒業することは避けて通れません。オムツが取れたり、補助輪が外れたり、という卒業は歓迎すべきものだとも思います。でも、心を通わせた相手との別れというのは、やはりやりきれませんね。ラチはいずれらいおんのことを忘れてしまうのでしょうか。そしてらいおんも、別の子どものところに派遣されたりして、ラチを忘れていくのでしょうか。この別離がラチの成長にとって必要なことだと頭では理解できても、切ないものは切ない（泣）！

らいおんが去った悲しみから立ち直るために、『モチモチの木』を紹介させてください。じさまと豆太少年による年の差バディものとして読むとすごく癒されますので……。

ラチと同じくらい臆病者の豆太は、じさまがいないと夜中のトイレすらままならないのですが、ある夜、じさまが急に体調を崩したと知るや、医者の元へと全力疾走します。豆太の勇気ある行動をじさまは大いに褒め、本人もまんざらではないのですが、そのあとのオチが最高なんですよ。

——それでも　豆太は、じさまが　げんきになると　そのばんから、

「ジサマァ」

と、ションベンに　じさまを　おこしたとサ。

「ジサマァ」じゃないんだよ（笑）。ふつうだったらここは豆太が成長した証として、トイレに行けるようになった、というオチが来るところでしょう。しかしながら、じさまからの卒業という安易なオチを避けて、瞬発力はあったけど、まだまだ大人になりきれない豆太を描き、引き続きじさまと二人三脚でやっていくオチも悪くはないですよね（これを読んだあとだと、ラチもらいおんとあんなにすぐ別れなくてもよかったんじゃないかとか、いろんな思いが去来してしまいます）。

今回のリサーチで、絵本の世界にも多様なバディがいるとわかったのは本当に収穫でした。基本的に複雑さを排除したストーリーとビジュアル表現によって成り立っているのが絵本ですが、シンプルに見えて実はいろんなメッセージ

が圧縮されています。絵本だから、子ども向けだから、単純なバディしかいないかというと、決してそんなことはありません。大人の観賞に耐えうるバディもいっぱい出てきますし、大の大人が泣いたり凹んだりする可能性も十分にあります。

ここまでいろんなバディ絵本を紹介してきましたが、「バディがいることはすてきなことだ」というメッセージを、そのまま「バディのいないお前は不完全である」という呪いに反転させるのだけは避けたいと思います。そして、そんな呪いから子どもたちを遠ざけるべく、最後に解縛《かいばく》作用のある作品をご紹介しておきましょう。

「わたしには　すてきな　ともだちが　いるの。それはね……わ、た、し！」ではじまる『わたしと　なかよし』★は、とてつもないエンパワメント効果のある絵本です。ブタの少女（おそらくティーンエイジャー）が「わたしは　ひとりぼっちじゃ　ないんだよ」「せかいじゅう　どこに　いたって、なにを　していたって、わたしは　いつも、わたしと　いっしょ」等々、パンチラインを繰

★『わたしとなかよし』…アメリカの絵本作家、ナンシー・カールソンによる絵本の翻訳。世界中で愛されている作品。自分を大切にすることを教えられると話題に。

★ビヨンセ…1981年生まれのアメリカのシンガーソングライター、ダンサー。元デスティニーズ・チャイルドのメンバー。グラミー賞の最多受賞記録と20のギネス記録をもち、ゴージャスな歌姫として世界的に知られる。社会運動に関心が高く、自由や平等、女性性や女性の権利向上などをテーマにした作品を数多くリリース。

★レディー・ガガ…1986年生まれのシンガーソングライター、俳優。2008年、「ザ・フェイム」でデビュー後、個性的な衣装と過激なパフォーマンスで脚光を浴びる。自由と尊厳をテーマにした楽曲が多く、LGBTQ層からも絶大な支持を得る。

り出しまくっていて、まるでビヨンセかレディー・ガガを聴いているときみたいな気持ちになれます。

わたしがわたしのバディになること。人生まずはそこからなんだ、というのは、子どもだけでなく、大人にとっても大事なメッセージですよね。自己肯定感が低かったり、セルフラブの感覚を持てなかったりと、自分とバディになることができず生きづらさを感じているひとが、世の中にはいっぱいいます。わたしだってこのブタの少女ほど達観できてはいません。昔にくらべれば多少は落ち着きが出てきて「まあ、自分で自分を愛せないのは、よくないわな」くらいには思っていますが、言うは易し行うは難しじゃないですか、こういうのって。なにも知らない子ども時代に戻って、まっさらな脳に『わたしと　なかよし』を焼き付けたい。いまからこの作品を読む子どもたちが羨ましくてなりません。

最後の最後にもうひとつだけ。友だちを作りたくていろんな動物に近づいては逃げられてしまう少女を描いた『わたしと　あそんで』★を紹介させてくださ い。追いかけたり、触ろうとしたりするのをあきらめた少女がただ静かに座っ

★『**わたしとあそんで**』…アメリカの絵本作家、マリー・ホール・エッツによる絵本の翻訳。50年以上愛される名作。

ていると、逆にみんなが寄ってくるという「逆説的お友だち作りのススメ」となっています。他者との距離感を間違えがちなひとにとっては、これ以上ない教訓の書かもしれません。

「わたしが　そのまま　おとを　たてずに　じっとしていると、だあれも　だあれも　もう　こわがってにげたりは　しませんでした」……あちこち動き回ったりせず、じっと待つことで掴める出会いもある。バディになるのは、そのあとからでも全然おそくない。そんなメッセージが伝わってきて、じわじわ勇気が湧いてきます。新学期の友だち作りにいつも出遅れていた過去のわたしに読ませてやりたい！

今回の調査と分析で、絵本はメッセージがシンプルで力強い分、毒としても薬としても、かなり効き目が強いメディアだと痛感しました。

幸いなことに、絵本のバディは本当に多種多様なので、似たような作品ばかり与えないよう工夫することは十分に可能です。バディのすばらしさを伝えつつ、それが呪いにならないようにすべし。子どもに絵本を手渡す大人として、そこのところは、強く意識しておきたいと思います。

14章

主従関係を超えるバディ

「使い魔」は友達か下僕か問題

使い魔。それは、主としてファンタジー作品に登場する生き物であり、魔法使いや魔女の手足となって働く下僕《げぼく》の役割を担っている……はずなのですよ、辞書的には。魔法の力で契約に縛り付けられ、ご主人さまの命令通りに動かねばならない……はずなのですよ、定義上は。

でもですね、現代のフィクション作品では、ガチガチの主従関係に置かれた使い魔をあまり見ない気がするんです。契約内容もそこまで細かくは決まっておらず、ご主人さまのために働けていればそれでよいという感じ。

現代の使い魔は、下僕というより気の置けない友人とかいつも一緒の相棒のようなもの。大昔の使い魔が、神の怒りに触れて天界から追放されたりしていたのとは大違いですね。つまりわたしは、「使い魔のバディ化」が進んでいるんじゃないかと言いたいのです。

『魔女の宅急便』★と『美少女戦士セーラームーン』★には、人語のわかる黒猫が登場します。『魔女宅』に登場する黒猫はジジ。「わたし、魔女のキキです。

★**『魔女の宅急便』**…1989年公開、宮崎駿監督によるスタジオジブリのアニメ映画。原作は角野栄子による児童書。

★**『美少女戦士セーラームーン』**…武内直子による日本のマンガおよび、それを原作としたアニメ、映画などのメディアミックス作品。マンガは1992年から97年まで雑誌『なかよし』で連載された。

こっちは黒猫のジジ」というセリフは、ネットミーム★になるくらい有名です。このセリフを見ればわかるように、キキ★が相棒としてジジ★を紹介しているのは明らかです。単なる使役動物と思っていたら、紹介すらしないでしょうから。『セーラームーン』のルナ★もまた、使役動物とは程遠い存在です。まだ自分の使命がなんであるかよくわかっていないヒロインの月野うさぎ★に向かって、「あのね うさぎちゃんは選ばれた戦士なの！ うさぎちゃんには使命があるのよ！ 仲間を集めて敵を倒すの！」と言っています。ルナは喋り方からして完全にメンター。相棒を導く気まんまんです。

　魔法少女たちにとって、使い魔は自分の生活を公私の別なく支えてくれる大事な存在です。だからこそ『魔女宅』でジジと言葉が交わせなくなったキキは焦るのですよね。ずっと一緒が当たり前だった相棒の気持ちがまるでわからなくなってしまうのですから。ここでキキが「使い物にならなくなった〜」とか言って別の黒猫を連れてくることはないわけです（そんなキキは嫌だ）。『セーラームーン』では使い魔が人語を話せなくなったりはしないのですが、ルナがアルテミスという猫と夫婦になり子どもをもうけて以降、ご主人さまと

★ネットミーム…インターネットを通じて広まる表現や行動など。「わたし、魔女のキキです。こっちは黒猫のジジ」は、転じて「わたし、魔女のキキです。こっちは○○」という形で、○○に面白い言葉を入れて写真とともに掲載される大喜利形式でミームになった。

★キキ…『魔女の宅急便』の主人公。魔女として独り立ちするために、13歳になったら生まれ育った街を出るという修行を実践中。ほうきと黒猫を持っている。ジブリ版では、頭につけた赤い大きなリボンがトレードマーク。

★ジジ…キキのパートナーのオスの黒猫。人の言葉をしゃべることができるが、ストーリーが進んでいくと人語を話さなくなる。

★ルナ…額に三日月の形の模様のある黒猫。人の言葉をしゃ

行動をともにする回数は減っていきます。うさぎも「まもちゃん」ことタキシード仮面★とカップルになりますので、お互い大事なパートナーを見つけた格好です。しかし、その後もルナはうさぎの身になにかあれば即座に行動しています。ふたりは公私をちょっと分けて、仕事上のバディに移行したのだと解釈できます。現実世界でも、こういう変化が起こることはあります。ずっと一緒が当たり前だったふたりが、お互いの結婚・出産などによって生活が変わっても、バディを解散することなく、仕事上のよきパートナーとして繋がり続ける。これはこれで、いい距離感です。

魔法という特殊能力を持ってしまった女の子が心を許せるのは、家族でも恋人でもなく、やはり使い魔なのだろうと思います。特別な存在であるがゆえの孤独。誰にも理解されない苦悩。それを受け止めてくれる使い魔との間に、種の違いを超えた絆が生まれ、かけがえのないバディとなっていくのは、ごく自然なことなのです。

ところでわたしは、この国における魔女と使い魔の関係がどこまでも愛らし

べることができる。声優は、ガンダムのララアであり、聖闘士星矢のアテナ（城戸沙織）役でもあった潘恵子。

★月野うさぎ…主人公で、セーラームーン。ちょっとドジで泣き虫だけど、元気いっぱいの中学2年生という、まさに主人公！な性格。決め台詞は「月にかわっておしおきよ」。アニメが世界40か国で放送されているため、海外のコスプレ会場に行くと、本物の金髪のうさぎに会える。

★「まもちゃん」ことタキシード仮面…普段は地場衛として学生生活を送るが、実は謎の紳士・タキシード仮面で、セーラームーンのピンチを救っている。月野うさぎの運命の恋人。

★「ぴえろ魔法少女シリーズ」…スタジオぴえろが制作した魔法を使える少女を主人公にしたアニメシリーズ。計5作品が制作されている。

いのは「ぴえろ魔法少女シリーズ」★の影響なんじゃないかと思っています。『魔法の天使 クリィミーマミ』★『魔法の妖精 ペルシャ』★『魔法のスター マジカルエミ』★『魔法のアイドル パステルユーミ』★『魔法のステージ ファンシーララ』★……いずれの作品にも大変かわいらしい使い魔が出てきます。見た目がペットの小動物に近いのは、人間とペットのバディ感をトレースするためだと思われます。人間と使い魔のバディ感というものをゼロから創作するのではなく、現実にある人間とペットの関係を魔法少女ものに持ち込んだ格好ですね。

そして注目すべきは、ぴえろ魔法少女シリーズにおいて、使い魔が複数いるケースがほとんどであるということです。

『クリィミーマミ』：ポジ／ネガ
『ペルシャ』：ゲラゲラ／プリプリ／メソメソ
『ユーミ』：ケシ丸／かき丸
『ララ』：ピグ／モグ

★『魔法の天使 クリィミーマミ』…1983年〜1984年にかけて金曜午後6時帯に放送されたテレビアニメ。10歳の主人公・森沢優が妖精ピノの魔法により、綺麗な女性に変身する。アイドル歌手・クリィミーマミと10歳の少女・優として過ごす、1年間の二重生活を描いた作品。ポジ・ネガという2匹の使い魔が登場する。幼馴染で好意を寄せる男の名前が「俊夫」なところに昭和みを感じる。

★『魔法の妖精 ペルシャ』…1984年〜1985年にかけて金曜午後6時帯に放送されたテレビアニメ。アフリカ育ちの11歳の主人公・速水ペルシャが妖精から魔法のバトンを託され、物語が始まる。魔法によって変身を繰り返し、妖精の国を救うために奮闘する。猫のシンバ、河童のゲラゲラ・プリプリ・メソメソといった可愛らしい使い魔が登場する。

「1対1」の関係がバディの基本だとすれば、「1対複数」であるこれらのケースは、バディの王道から外れています。しかしそれでもバディ感があると思えるのは、複数いる使い魔の性格を統合すると、ひとつの人格を形成するようにできているからです。『クリィミーマミ』のポジ／ネガがわかりやすい例ですが、本来であればひとつの人格の中に存在するポジ（ティブ）とネガ（ティブ）の要素を分割し、二匹の使い魔に与えることで、それぞれのキャラを立てています。見た目上は「1対複数」でも「1対1」関係とあまり変わらないように思えるのは、こうした工夫があるからなのです。「1対複数」であることのメリット（わちゃわちゃしていてかわいいなあ）を享受しながら、「1対1」のバディ感（この相棒がいてこそ実力発揮できるよね）も堪能できる、なんとも便利な工夫だと思います。

と、こんな風に、魔法少女と使い魔の仲よし&ファンシーな世界観を見ていると、男子の世界で使い魔（的存在）ってどうなってるの？という疑問が湧いてきます。思いつくままに挙げていったら、女子の世界とは随分違いました。ご覧ください。

★**『魔法のスター マジカルエミ』**…1985年～1986年にかけて金曜午後6時帯に放送されたテレビアニメ。伝説の女流マジシャンに焦がれる11歳の主人公・香月舞が鏡の妖精トポと出会い、天才マジシャン・マジカルエミに変身する物語。使い魔のトポはモモンガに乗り移っている。

★**『魔法のアイドル パステルユーミ』**…1986年に金曜午後6時帯に放送されたテレビアニメ。9歳の主人公・花園ユーミは花の妖精・かき丸とケシ丸から魔法のステッキをもらう。描いた絵が実物になるという不思議なステッキを手に、さまざまな冒険を体験していく。使い魔のかき丸とケシ丸はぬいぐるみのようなふわふわの妖精で、普通の人には見えない。

★**『魔法のステージ ファンシーララ』**…1998年に日曜午前9時帯に放送されたテレビアニメ。9歳の主人公・篠原み

『ど根性ガエル』★のピョン吉★、『DEATH NOTE』★のリューク★、藤子・F・不二雄★先生が描く『ドラえもん』★的なキャラたち★、『チェンソーマン』★のマキマ★が持つ「支配の悪魔」の能力、『呪術廻戦』★に出てくる「式神使い」★の能力……コミカルからグロまでバラエティに富みまくっています。あとは、ご主人さまに特殊能力がなくても大丈夫なようです。『DEATH NOTE』の夜神月《やがみらいと》はとてつもなく賢いですが肉体的にはふつうの人間ですし、『ど根性ガエル』のひろし★も、すっころんだら胸にピョン吉が張りついたってだけなので、本人自体はただの中学生なんですよね。

使い魔のイメージがいろいろすぎて収拾がつかない上に、本当に使い魔認定してよいのか悩むものもありますが（笑）、とにかく興味深いのは、魔法少女の世界とは違い、古典的な「使役される使い魔」がいるということです。これはバトル要素のある少年マンガに顕著で、ご主人さまと対等な関係にないことをわかりやすく見せるためか、使い魔が言葉を喋らない（喋れない）パターンも散見されます。喋れないということは、対話ができないということ。つまり相棒と対話を通して仲よくなる道が最初から閉ざされているのです。

ほが、妖精・ピグとモグに出会い、「少しだけ大人になる魔法」を手に入れてファンシーララに変身し、大活躍する物語。使い魔のピグとモグは恐竜の妖精だが、小さくて愛らしい見た目。

★**『ど根性ガエル』**…吉沢やすみによるマンガ。1970～1976年まで『週刊少年ジャンプ』にて連載され、テレビアニメも放映されて人気になった。主人公のひろしの声は、『ドラゴンボール』の悟空役でおなじみ野沢雅子。ちなみに『銀河鉄道999』の鉄郎もそう。

★**ピョン吉**…主人公のひろしのとっくりシャツに張り付いた平面ガエル。人の言葉をしゃべることができ、ひろしの大親友。爆笑問題の太田は、私服でこのピョン吉が張り付いたロンTばかり着ることで有名。

★**『DEATH NOTE』**…大場つぐみ（原作）、小畑健（作画）によるマンガ。2003～200

これって、魔法少女が使い魔とたくさんおしゃべりして仲よしバディになっていくのとは明らかに違いますよね。下僕を支配し強権を行使せよ、というメッセージは、魔法少女ものにはまずありません（もし使い魔に対してそのように振る舞うキャラがいたら、まちがいなく悪役です）。

つまりご主人さまと使い魔の関係にもジェンダーの影響があるのです。女子の世界では、使い魔と仲よくするのが当たり前ですが、男子の世界では、使い魔と仲よくするより支配する方がカッコいいのです。使い魔を意のままに操れることが男子のうっとりポイントなのでしょう。同じ男子の世界でも、スポーツものとか刑事ものだと対等なバディ関係が描かれていたりするわけなので、男子だから支配欲が強いというわけでは決してないのですが、使い魔が出てくる話になると途端に支配欲を剥き出しにしてくる感じは否めません。

だとすると、『ドラえもん』ののび太って、かなりの貴重種なんじゃないでしょうか。弱虫だしあやとりが得意だったりもするのび太は、言ってみれば男らしさの呪縛から逃れることができている存在なので、バリバリの男子とは言いがたい。そのためバディとの関係も魔法少女たちに似てくるのだと思います。

6年まで『週刊少年ジャンプ』にて連載され、テレビアニメ化、実写映画化もされた。Netflix制作では実写化も。主人公、夜神月の性格があまりよくないうえに感情移入もしづらいという珍しいマンガだが、読者は頭脳バトルに熱狂して大人気になった。

★リューク…死神。死神の退屈な世界に飽き、意図的にデスノートを落とし、人間たちの死闘を高見の見物。実写映画ではCGでつくられたが、声は中村獅童が務めた。

★藤子・F・不二雄…1933年生まれ、1996年没のマンガ家。『ドラえもん』『キテレツ大百科』『エスパー魔美』など、数々の代表作を残した大天才。

★『ドラえもん』的なキャラたち…『ドラえもん』のドラえもんや『オバケのQ太郎』のQ太郎、『キテレツ大百科』のコロ助など。シンプルだけれど、特徴的な造男子の世界にのび太みたいなキャラがいてくれてよかったなと思います。相棒に対して強権を発動しない（できない）男子も主人公になれるし、なっていい。男子の世界を男らしさの呪縛で息苦しくしないためにも、定期的にのび太的なキャラを投入してもらいたいところです。

わたしが「使い魔のバディ化」について考える上で、どうしても外せないと思うのが『ハリー・ポッター』★シリーズの「ドビー」★です。ハウス・エルフ（屋敷しもべ妖精）である彼は、マルフォイ家★で虐待とも言えるような仕打ちを受けながら暮らしています。強固な支配関係から自力で抜け出すことは、ほぼ不可能。これぞ典型的な「昔ながらの使い魔」という感じです。

ドビーの状況を知ったハリーは、彼を救い出そうと作戦を練ります。わたしたちも作戦の成功を願わずにはいられません。というのも『ハリポタ』ファンは、マルフォイ家が恐ろしいところであることを知っているからです。ハウス・エルフだからひどい目に遭っているというより、マルフォイ家だからひどい目に遭っているのではないか。そんな疑念が拭い去れないのですよね。ご主

形で、幼い子どもたちが真似して描くことができることも、長く愛される秘密なのかも。あと、みんな二頭身なところも愛らしい。小さい子どもも頭が大きいから、よけいに可愛く見えると思う。

★『チェンソーマン』…藤本タツキによるマンガ。2019年から『週刊少年ジャンプ』および『少年ジャンプ＋』にて連載中で、テレビアニメ化もされたダークファンタジー。作者、藤本タツキの出身大学は、トミヤマさんが准教授を務める東北芸術工科大学で、マンガ『ルックバック』で出てくる。

★マキマ…公安対魔特異4課リーダーで内閣官房長官直属のデビルハンター。多くの同僚から好意や尊敬のまなざしを向けられる魅力的なキャラクター。その美しい見た目から、主人公のデンジが憧れる上司だが、人をばんばん殺しても平然としているなど、恐ろしい一

人さまがハリーになれば、いまより平和に暮らせるのは間違いない。頼むからドビーを解放してあげてくれ！

で、ハリーはとある方法で見事にドビーを解放するのですが、マルフォイ家から解放されたドビーが向かったのは、ハリーの家ではなく、ホグワーツ魔法魔術学校でした。ハウス・エルフの仕える家が、別に個人宅じゃなくてもいいでしょ、というわけです。ハリーはそもそもハウス・エルフを使役するタイプの人間ではないですし、ロンやハーマイオニーという親友がいますから、いまからドビーとバディになる必要もない。ホグワーツに行かせたのは、正解だったと思います。

ドビーのエピソードは、ご主人さまとの関係が良好ではない（どころか最悪な）使い魔もいるという残酷な事実を突きつけるものです。バディ化する使い魔が増えつつある中で、とことんいじめ抜かれるドビーの存在は異彩を放っています。そして、そんな彼を解放してやり、使い魔がご主人さまに支配されるのは当然であるという「使い魔としての大前提」そのものを無効化したところに、ハリーの功績があるのだと思います。

面を持っている。

★『**呪術廻戦**』…芥見下々によるマンガ。2018年から『週刊少年ジャンプ』にて連載中の、テレビアニメ化もされたダークファンタジー。呪力の説明が複雑だが、理解することを諦めても十分楽しめる。

★「**式神使い**」…呪術師が使える、動物などの形をした式神を呼び出したり使役したりする能力のこと。『呪術廻戦』では、主人公虎杖悠仁の同級生、伏黒恵が「式神使い」。

★**ひろし**…『ど根性ガエル』の主人公の中学2年生の男の子。頭に大きなサングラスをかけている。

★『**ハリー・ポッター**』**シリーズ**…イギリスの作家J・K・ローリングによる全7巻のファンタジー小説シリーズ。世界的ベストセラーとなり、実写映画も世界中で大ヒットした。

わたしは、この先、厳しい契約によって支配下に置かれる使い魔は減少するか、いたとしても悪役の表象に使われるかして、使い魔の解放がますます加速すると踏んでいます（奴隷解放運動的なことですね）。契約それ自体から完全に自由な、もはや使い魔と呼べないかもしれない使い魔がいて、それでもやっぱりご主人さまの役に立ちたいと願うとき、権力勾配のない契約が結ばれ、対等なバディになっていく。そんな物語が増えるのではないかと思っているのです。

実は、その予兆がすでにあるのです。『ウチの使い魔がすみません』★では、ちょっとガタイのいい人間のおじさんが使い魔をやっています。同作は、魔物研究家のノーマンが、悪魔の女の子パティと契約し、一緒に魔界を旅しているのですが、ノーマン自身が魔界をおもしろいと感じている研究者なので、ご主人さまに使役されてる感はゼロ。むしろ魔界に興味を示しすぎて引かれているくらいです。みなさん、人間が悪魔の使い魔をやる時代ですよ。いやあ、来ているな、使い魔の新時代が。使い魔自身が、意志と主体性を持ち、前のめりに使い魔をやる。そんな作品がどんどん増えていってくれたら、使い魔界隈はもっともっとおもしろくなるに違いありません。

★「**ドビー**」…90センチほどの背丈に大きな耳と緑の瞳を持つ、屋敷しもべ妖精。杖を使わず魔法が使える。

★**マルフォイ家**…ハリーの宿敵、ドラコ・マルフォイとその親、ルシウスとナルシッサで構成される家族。由緒正しい家柄で、一家がスリザリン出身であることに誇りをもっている。マグル（非魔法使い）を嫌い、純血主義のちょっと（いや、かなり！）嫌味な一家。

★『**ウチの使い魔がすみません**』…櫓刃鉄火によるマンガ。『good!アフタヌーン』にて2016〜22年まで連載した、主人公が悪魔で人間が使い魔として使役されるファンタジーコメディ。

15章

ずっと一緒！だけでは成立しない

兄弟バディにおける血と愛と絆

赤の他人が出会ってバディになる過程を描くのがバディものの基本型だとすると、兄弟バディというのはちょっと特殊です。なぜなら彼らはまず家族として出会うことになるからです。彼らが一緒にいるのは家族だからであって、業務命令で一緒にいるわけではありません。

どんな兄弟も一緒にいさえすればバディになれるかというと、決してそんなことはありません。現実には仲違いしている兄弟もたくさんいますもんね。また、それなりに仲はいいけど、バディと呼べるほどの絆はない、という兄弟もいるでしょう。

というわけで今回は、フィクションにおける兄弟バディについて考えてみたいと思います。

『鋼の錬金術師』★では、兄弟がバディになった、というか、ならざるを得なかった理由が作品冒頭で説明されます。

★**『鋼の錬金術師』**…荒川弘によるマンガ。通称『ハガレン』。2001〜10年まで『月刊少年ガンガン』で連載された。累計部数は8000万部を超え、アニメ化、近年では実写映画化もされた。〝死んだ母を生き返らせようと、錬金術の禁忌を犯して体を失った兄弟〟なんて設定、どうやって思いつくのか…。兄弟が背負っているものが重すぎて、でも、途中で巡り会う大人たちとの出会いが素晴らしくて、何度読んでも感動が薄れない不朽の名作。

エドワードとアルフォンスの兄弟★には、幼くして亡くした母を錬金術で復活させようとして失敗した過去があります。失敗の代償に、兄は右腕と左脚を失い、「機械鎧（オートメイル）」と呼ばれる超高性能の義手＆義足を身につけることとなりました。弟は肉体そのものを失いましたが、錬金術師である兄の技術によって魂を鎧に定着させることに成功。中身ががらんどうの鎧姿で生きていくことになりました。

彼らが失われた身体を取りもどすには、「賢者の石」に関する情報を集めなければなりません。しかし賢者の石は簡単に入手できるものではなく、情報を求めて兄弟で遠くへ旅することもしばしば。旅の中では避けて通れぬ課題や試練がふたりの前に立ちはだかり、それを克服しようとする中で、彼らはバディとして成長していくのです。

肉体をまるごと持っていかれた弟アルに対して、兄エドはものすごく責任を感じています。弟をぜったい元に戻すのだという使命感が、兄にとっての原動力です。弱冠12才で国家錬金術師の資格を取得したエドは、世間からは庶民と言うより国家権力サイドの人間だと思われており、「軍の狗《いぬ》」と蔑まれること

★エドワードとアルフォンスの兄弟…『ハガレン』の主人公の兄・エドワード・エルリックと弟のアルフォンス・エルリックの兄弟のこと。

もあります。しかし、錬金術師になったことを後悔してはいません。錬金術による事故のせいで悲劇に見舞われはしましたが、錬金術がなければ弟を元に戻すこともできないからです。ときに向こう見ずで周囲をハラハラさせるエドですが、その根本には弟への愛と自己犠牲の精神があります。

一方、弟のアルは、兄に比べると繊細で穏やかな性格。なにかと暴れがちな兄の尻拭い役でもあります。相棒のお世話係をするキャラというのはどんな物語においてもたいてい健気であり、アルもまさにそのタイプです。

魂を鎧に定着させてからは、睡眠も食事も不要になり、戦闘時に痛みを感じることもなくなりました。フィジカル的にはかなり強くなったため、賢者の石を巡る争いに際しては、兄を含めた仲間たちみんなの盾となり活躍しています。

向こう見ずな兄が攻め、強くて優しい弟が守る。目標達成に向けての役割分担が非常にうまくいっている上に、相手の能力に嫉妬することもない。兄弟バディとして、非常にバランスがいいと感じます。

その一方で、『宇宙兄弟』★では、兄が弟に嫉妬しまくっています。エド＆アル兄弟とは正反対です。嫉妬心はバディの邪魔になるかと思いきや、嫉妬しま

★『宇宙兄弟』…P137からなんどか言及してきたマンガ。詳細はこちらの本文をお目通しください！

くっていても兄弟バディとして成立しているのが、本作のおもしろいところです。

宇宙をこよなく愛する南波兄弟は、ある時期まで一緒に宇宙飛行士を目指していたのですが、途中で兄の六太《むった》が脱落します。一般家庭の子が宇宙飛行士を目指すなんて非現実的だという気持ちが、彼を夢から遠ざけてしまったのです。兄とは違い、世間の目などどこまるで気にしない弟の日々人《ひびと》は努力を続け、宇宙飛行士になる夢を叶えます。

こうして兄弟の人生はすっかり分岐してしまったかに見えるのですが、日々人は兄が再び宇宙を目指すと信じています。そのため、六太が上司に頭突きを食らわせ自動車メーカーをクビになったと知るや、母親と結託して、六太の履歴書をJAXA★に提出しています(アイドルのオーディションに勝手に応募するかのようなノリですね)。日々人は、兄のくすぶりを完全スルーして、宇宙への再チャレンジを決めてしまうわけです。

ひとの人生を勝手に決めるなと思うかもしれませんが、読み進めるうちに、この手回しの良さは兄の本当の願いを理解していればこそだとわかってきます。

★JAXA…国立研究開発法人・宇宙航空研究開発機構の略称。HPには「宇宙開発の中核的実施機関と位置付けられ、基礎研究から実際の運用までを行う」とあるが、要は宇宙関連のこと全般を取り扱っている組織。

いろいろなことを気にして身動きが取れなくなりがちな兄をぐいぐい牽引する弟。少々強引ではありますが、なにも間違ってはいない。だから兄としても逆らい切れないのです。このほかにも、「昔とは違うんだよ」と語る兄に「今と昔で違うもんがあるとすりゃ／それはムッちゃんが………／昔みたいに張り合わなくなったってことだ／もっと張り合えよ／つまんねえよ」とけしかけるシーンがあったりもします。このふたりに兄弟バディだけでなくライバルバディとしての要素もあるのは言うまでもないでしょう。

幼い頃は兄として弟を導いていた六太ですが、いまは弟の後ろをついていくしかありません。それが嫉妬の感情を引き起こすわけですが、日々人はその感情にうまいこと火を点けて、兄をやる気にさせます。

そんなふたりのバディ感については、わたしが云々する前に、「シャロンおばさん」こと金子シャロンに語ってもらった方がよさそうです。南波兄弟は、天文学者である彼女の自宅兼職場（天文台）に幼い頃から通い詰めていました。その意味でシャロンおばさんは宇宙に関する「育ての親」と言っても過言ではありません。

ねえヒビト 覚えといて
あなたにはお兄ちゃんを引っぱって行く程の力がある
あなたがいつも兄《ムッタ》の前にいて
先へ進み続けていれば
兄《ムッタ》はあなたに引っぱられて前進できるわ
もしもあなたが止まってしまったら
その時はきっと
後ろから兄《ムッタ》があなたの背中を押してくれる
あなたたちはきっと
そんな素敵な兄弟になる

彼女の言葉は、六太と日々人の関係を的確に言い表しています。兄は自分よりも先を行く弟に嫉妬しているかもしれませんが、実は弟の背中を押すという重要な役割を担っているのです。その証拠に、宇宙でアクシデントに見舞われ

★**PD（パニック症）**…パニック障害とも呼ばれる。動悸や息苦しさ、発汗などの身体症状と、恐怖や不安を強く感じる発作に突然かつ継続的に襲われるのが特徴的な症状だと言われている。芸能界から身近なところまで、意外とPDの人は多い。

★**宇宙服**…宇宙空間でも生命活動を維持できる高性能スーツ。宇宙船外の活動時に着用され、ユニットの酸素はおよそ7時間もつとされる。真空や熱、紫外線など、地球とは異なる厳しい環境でも耐えられるように設計されている。約120kgの重さがある。

た日々人がＰＤ（Panic Disorder、パニック症）★になり、宇宙服★を着ることに恐怖を感じてしまうようになるエピソードの中で、悩みに沈む彼の背中を押すのは、ほかならぬ六太です。六太は、自分だったら回復を確かめるためのテストから逃げてしまいそうな気がするけど、と前置きしつつ、「お前は迷っても結局やる」と伝え、日々人が「心ん中に／〝絶対〟を持ってる奴」だと励ますだけでなく、宇宙服を着て作業をしているときだけでなくタクシー車内でも発作が出たのなら、宇宙服が原因ではないのでは？　と重要なポイントを指摘。それがＰＤを克服する上での大きなヒントとなりました。

　こうしたエピソードからもわかりますが、この兄弟がバディ感を際立たせるのは、どちらかが弱っているとき。片方がもう片方を元気づけようとする中で、バディとしての絆が深まるのです。エド＆アル兄弟は役割分担が比較的はっきりしていましたが、六太＆日々人兄弟の場合は、必要に応じて応援する／されるの役割を入れ替えながら前進していきます。兄弟バディとひと口に言っても、協力体制の敷き方はいろいろですね。

失った身体を取りもどすのでも、宇宙飛行士になるのでもいいのですが、兄弟バディには、やはり共通の目標があった方がいいみたいです。たとえそれが犯罪まがいの行為であっても……。

『ハード・コア　平成地獄ブラザーズ』★では、うっかり掘り当てた徳川埋蔵金★を台湾で資金洗浄★するというシュールすぎる目標が、権藤兄弟を待ち受けています。

そもそもこの兄弟はなにもかもが違っているのです。兄の右近は、ボロアパートに住む肉体労働者であり、弟の左近はエリートサラリーマン。こういうケースでは、たいてい弟が兄をバカにしているものですが、弟にはその手の差別意識がありません。左近は非常に面倒見のいい奴で、酔って喧嘩を繰り返す兄を説教しながらもちゃんと介抱してやり、歯医者に行きたいと言われれば保険証を貸してやり、ついでに治療費も渡してやるような男です。

ただ、左近は純粋に優しいというより、兄やその仲間たち（全員アウトロー）をおもしろがっているフシがあるんですよね。だからときどき様子を見に行くんですが、エリートサラリーマンのプライドが邪魔するのか、決して深入りし

★『ハード・コア　平成地獄ブラザーズ』…原作・狩撫麻礼、作画・いましろたかしによるマンガ。1992〜94年まで『グランドチャンピオン』にて連載され、2018年には、山下敦弘監督、山田孝之、佐藤健、荒川良々というとんでもない豪華なメンツで実写映画化された。

★徳川埋蔵金…江戸時代末期、当時の大老・井伊直弼が企画し、大政奉還の際、幕府復興のために井伊から引き継いだ人物が赤城山中に埋蔵したと言われている。360万両、時価数十兆円とも言われているが、未だ発見した者はいない。金額の根拠は勝海舟の日記と言われ、糸井重里をはじめとする著名人もハマってテレビで特番を組んで何度も大捜索した。

★資金洗浄…マネーロンダリングともいう。一般的には、犯罪によって得た収益を、出どころや所有者が分からないようにして、発覚を逃れる行為を指す。

ようとはしません。自分がそちら側の人間にならないよう、ギリギリのところで踏みとどまっている感じがあります。

ところが、埋蔵金の一件により、右近たちアウトローとの距離感に狂いが生じはじめます。兄たちが掘り当てた小判の山を現金化するには、いったん資金洗浄をする必要があるということを知った左近は、みずから台湾への密航を計画しはじめるのです。しかもその計画は、左近が全ての金を持って、たったひとりで台湾に渡るというもの。この時点で読者は、左近が金を持ち逃げするんじゃないかと危惧せずにはいられません。なんたって彼は頭の切れるエリートサラリーマンです。いくら兄に優しい弟だとは言っても、大金が絡んだらわからないじゃないですか。

ところが、この弟は律儀にミッションを遂行し、兄たちのところへ戻ってくるのです。なんていい奴なんだ。しかしながら、兄の方は、とある漁船で起こった銃殺事件のニュースを見て、弟が被害に遭ったと思い込み、金と弟の両方を失ったつもりでいるのでした。

金への未練を見せることなく、亡くなった弟を思う兄と、うだつの上がらない兄のためにリスクを背負い、ひとり資金洗浄の旅を完遂した弟。ものすごくひねった「賢者の贈り物」★みたいになっていますが、相棒のためにリスクを取れることがバディを成立させる条件だとすれば、権藤兄弟はまごうことなきバディだと言えるでしょう。

わたしはいつもこの作品をシュールなマンガだなあとバカ笑いしながら読んでいるのですが、己のバディ脳を起動して再読してみると、どこかちぐはぐだった兄弟が真のバディになる過程を描いたすばらしい作品だったのでおどろきました（バディという補助線は偉大なり）。金を盗んでいる時点で『鋼の錬金術師』や『宇宙兄弟』のようなヘルシーさは1ミリもありませんが（笑）、それでも、美しき兄弟バディであることはたしかなのです。

赤の他人がバディになるときの感動とはまた違うなにかが、兄弟バディにはあります。学歴やキャリアに格差があってもバカにせず、同じ目標を共有し、ともに成長し続ける。ただ兄弟としてこの世に生を享けただけでは、こうはいきません。血縁であること、相性がいいことにあぐらをかかず、相棒を思い、いざというときは犠牲を厭わぬ覚悟がなければ、兄弟バディは成立しません。

★「**賢者の贈り物**」…アメリカの小説家・オー・ヘンリーの代表作として知られる短編小説。クリスマスイブにお金のない貧しい夫婦が、それぞれ互いの一番大切なもの（髪／懐中時計）を売ってお金をつくり内緒でプレゼント（懐中時計の鎖／櫛）を買うが、一番大切なものを失ったため相手のプレゼントが役に立たなくなってしまうという話。プレゼントはすれ違うが、愛がより深まるラストなので、広告などにもよく使われる。青空文庫で翻訳されたテキストが読める。

その意味で言うと、他人同士で作るバディと同じくらい相手への気遣いが必要なのかも。兄弟でもあっても気遣いをサボらないことが、兄弟バディ成功の条件なのかもしれません。

わたしはひとりっ子なので、兄弟バディがどんな感じなのか、うまく想像することができません。でも、来世で兄弟がいる人生を選べたら、バディになってみたいですね。ふたりで助け合って、でっかい何かを成し遂げたいなあ。何かってなんだよ、という感じですが、とりあえず犯罪以外の何かをがんばりたいと思います。

16章

自己責任時代の幸福論

自分で選んだ「一緒に生きていきたい人」

本書の元となった連載をはじめてからというもの、バディのことばかり考えているので、世の中のコンテンツからバディを見つけだす「バディ脳」が発達しました。バディ脳がなかったころはわからなかったが、いまならわかります。世界はバディ（的なもの）で満ちている、と。

アニメ『リコリス・リコイル』★は、犯罪を未然に防ぐ秘密組織における女バディの話でしたし、映画『アダムス・ファミリー』★シリーズのスピンオフ企画であるNetflix『ウェンズデー』★では、右手首から下しかない「ハンド」（英語版ではThe Thing）がヒロインの相棒として大活躍していました。社会派ドラマとして注目された『エルピス』★も、落ち目の女子アナと新米ディレクターが二人三脚でえん罪事件に挑む話でしたよね。とにかくもう、「人気コンテンツにバディあり」なのは間違いないのです。

連載開始時点では予想すらしていませんでしたが、バディブームの波は確実にやってきています。あの『an・an』★もバディ特集をやったのですから間

★『リコリス・リコイル』…2022年7月から9月にかけて放送されたテレビアニメオリジナル作品で、喫茶「リコリコ」を舞台に主人公の井ノ上たきなと錦木千束が奮闘する物語。合理的で冷静なたきなと明るく元気な千束が好対照。警察も裁けない悪人を、「都会の迷彩服」である〝女子高生の制服〟を着用した非公式の組織「リコリス」のメンバーが始末するという、実は殺し屋のバディ。

★『アダムス・ファミリー』…原作はマンガ家のチャールズ・アダムスが『ザ・ニューヨーカー』誌に描いていた1コママンガ。不気味な屋敷に住む家族の生活を描いたホラーコメディが、アメリカでテレビドラマ化し映画になった。あまりにも有名なテーマ曲は、CMにも使われた。聞くと指を鳴らしたくなるが、上

違いありません（わたしも取材を受けました）★。どうやらみんながバディの魅力に気づきはじめています。オタクからニワカまでが、それぞれのやり方でバディを愛でています。

しかし、なぜ、バディなのでしょう。特別なふたり組に、なんでこうも惹かれるのでしょう。

そのことを考えるとき、真っ先に思い出すのが結婚情報誌『ゼクシィ』★のテレビCMです。「結婚しなくても幸せになれるこの時代に、私は、あなたと結婚したいのです」というコピーが話題になったのは、２０１７年のことでした。あのCMは、結婚情報誌を売らんとするものでありながら、結婚を全肯定せず、ひとり身のあなたは不完全であるという呪いを解こうとすらしていました。別にひとりで生きていってもよいのだという前提に立った上で、それでも自らの意志で結婚しようとする者たちの姿を示して見せたのです。

ここで大事なのは、「これは自分で決めたことなのだ」という実感です。誰かに言われたり、世間体を気にして決めたりしたんじゃダメなのです。いろいろな選択肢があると知りながら、それでもなおふたりで生きていく――その主

手に鳴らせない担当編集。

★**『ウェンズデー』**…Netflixで配信されたドラマシリーズ。2022年に第1シーズンが配信された。本作ではアダムス・ファミリーの長女・ウェンズデーの高校生活が描かれる。2024年現在、新シーズンの制作が決定しているらしい。

★**『エルピス』**…2022年10月から12月にかけて放送された月曜夜10時枠の連続テレビドラマ。落ち目の女子アナ役を長澤まさみ、新米ディレクター役を眞栄田郷敦が演じた。年下でまっすぐな眞栄田郷敦と、元カレで敵か味方かわからない大人の魅力の鈴木亮平の間で揺さぶられた視聴者多し。TBSで『カルテット』を手がけた佐野亜裕美が、カンテレに転職してプロデューサーを務めた。

★**『an・an』**…1970年創刊で、毎週水曜日に発行さ

体的選択は、旧来的な結婚とは異なる二者関係へとわたしたちを連れ出すでしょう。わたしに言わせれば、それはバディのありようにかなり近いものです。

　バディものの中で繰り返し描かれているのは、まさしく人間関係の主体的選択です。最初のきっかけはなんでもいいのです。会社の命令でバディを組まされるのでもいいですし、ふたりでいるときに偶然トラブルに巻き込まれて協力し合わないといけなくなるのでもいい。性格が合わなくても大丈夫。むしろ、仲が悪いくらいでちょうどいいかもしれません。

　大事なのは、そこから時間をかけて自らの意思で相棒との関係を「結び直す」ことです。そうすることで、他から与えられた関係は自ら望んだ関係に反転します。このようにして結び直される関係は、ときに血縁を超えるような強さや濃さを持つのです。

　誰かとバディになることで自分の不完全さを責める気持ちが薄まる場合があります。足りないところは補い合えばいいじゃないか。これは、なかなかに悪くない思考法です。

　自己責任論が幅を利かせるこの社会で、あらゆることは自分のせいにされ、

れるマガジンハウスの看板ともいえる女性誌。

★わたしも取材を受けました…『an・an』2022年7月27日号に記事が掲載されている。この号の特集がなんと「バディの化学反応」!

★『ゼクシィ』…リクルートが毎月発行している結婚情報誌。地域によって差があるものの、非常に分厚く重量があるため、たびたび「凶器のようだ」とSNSで話題になる。近年は、「ゼクシィ縁結び」というマッチングサイトも運営しており、出会いから結婚式までプロデュースする至れり尽くせりのサービスになった。

なにかあれば「自業自得だ」と言われてしまいがちです。慣れっこになっているひともいるでしょうが、ずいぶん冷たい世の中だと思います。共助より自助が当たり前だなんて、★本当にそれでいいのでしょうか（よくない）。自己責任論のメッセージは非常に単純で、「とにかく自分でなんとかしなさい」です。なんのことはない、個人の能力を限界まで引き上げろと言っているのです。しかし、そう言われてすぐにできちゃうひとばかりではありませんよね。できそうにもないことをやれと言われて、それを真に受けてしまったら、人生しんどいだけです。

そんなわたしたちにとって、バディというのはある種の救いです。バディの多くはお互いの短所を補いあって、ひとりではできないことを成し遂げます。欠けてるまま、足りないまま、ふたりして幸せになろうとします。これが自己責任論の時代を生きるわたしたちにとって「いい感じの夢」でなかったら、一体なんだというのでしょう。

いまわたしは「夢」だと書きましたが、これがかなり現実味のある夢だということは、ぜひ指摘しておきたいです。『an・an』の特集によれば、「バディ

★共助より自助が当たり前だなんて…令和２年10月26日に行われた、菅内閣総理大臣（当時）の所信表明演説が大きな反響を呼んだ。コロナ禍で苦境にある人が多くいるなかで、目指す社会像に「自助・共助・公助」を掲げ、自助を国民に求め、公助を後回しにするかのようにとれる内容に多くの反発の声が上がった。

（相棒やツレ）と呼べる関係の人はいますか？」との問いに、アンケート回答者の68％が「はい」と答えています。バディとは、手の届かない夢ではありません。なんならもう、隣にいるのです。市井のバディには、映画のようなドラマティックな展開は起こらないかもしれません。しかしそれでも、かけがえのない相棒とこの世界を生きれば、それだけでもう十分に冒険的です。自分たちはバディなんだと思えたら、いろんなことが冒険物語のワンシーンみたいになる。これも、バディのよいところなんじゃないでしょうか。つらく苦しいことでさえ、ハッピーエンドへの伏線になるでしょう。

『ゼクシィ』のCMが告げたように、わたしたちはひとりで生きていくこともできるし、そうじゃない生き方をすることもできます。ポリアモリー的な複数性の中で愛を育むことだって、しようと思えばできます。昔にくらべれば、生き方の選択肢は増えました。きっとこれからも増えるでしょう。いつの日か、この社会が、多様化するわたしたちの生き方を建前ではなく心から理解し受け入れるとき、「ふたりであること」もまた、異性愛規範やモノガミーから解放され、もっと別の「なにか」になるのだと思います。ちょっと大袈裟かもしれませんが、バディについて考えることは、人間関係の可能性を押し広げることであると言わせてください。

リアル／フィクションを越境し広がっていくバディの世界が、わたしたちの生き方をもっと自由にしてくれますように。そう祈って、筆を擱きたいと思います。

特別対談

トミヤマユキコ×サンキュータツオ

なぜ「特別なふたり組」に
惹かれるのか、
その理由を徹底解明!

バディ・コンテンツが求められる理由とは？

トミヤマ 今回『バディ入門』を書くにあたっていろいろ調べたんですけど、バディ・コンテンツって本当にたくさんあるんですよね。これほどバディものに需要があるのはなぜなのか？ということを、タツオさんと一緒に考えていけたらと思っておりますので、どうぞよろしくお願いします！

タツオ よろしくお願いします。

トミヤマ バディものは、昔からずっと存在していて、白黒映画の時代以降は、ますます人気になっていきます。現代の作品はジャンルも多岐にわたるし、解像度もすごく上がっているのですが、基本的なフォーマットは昔から変わりません。凸凹コンビが紆余曲折を経て最高の2人組になる、というフォーマットです。なぜこのフォーマットが人気なのかと考えると、現実の2人組がそんなにうまくいかないことの裏返しなのではないか？という気がするんですね。「2人でいること」が現実には難しいからこそ、理想としてのバディものを摂取したくなるんじゃないかと。タツオさんは、その点どう思われますか？

タツオ　よくわかります。まずは、要素として考えたいんだけど、そもそもバディは使い勝手がいいですよね。何かに挑戦したり移動したりするときに、主人公1人だと発言が独り言になってしまうから、会話劇としてストーリーを進行させるのに、ツッコミ役とボケ役がいた方が便利。また、ドラマを展開していく中で人間関係に変化を起こせるという意味でも便利。最初は嫌々組まされた同僚だったけれども、いろんなことを経験していくうちに絆が強くなっていくと、人間的成長も描ける。3人にしてしまうと、描かなければいけないことが増えて、時にストーリーの邪魔になってしまうから、やっぱり2人組の方が動かしやすいと思う。

あとは、トミヤマさんの言うように現実世界では、幼なじみであるとか仕事の同僚である2人がずっとコンビを組んでいるっていうことは、かなり難しい。会社の都合であったり、お互い結婚や出産があったり……そういうことで引き裂かれる2人組はとても多いと思うので、信頼関係を保ってずっと一緒にいるバディは、もはやファンタジー。だからこそ心を救われるんじゃないかな。

トミヤマ　やっぱり現実世界でバディのような関係を続けて行くのって大変ですよね……。

タツオ　あとはBLとの差別化を考えると、やっぱり恋愛の当事者性を削げるっていうのもバディものの利点だと思う。異性同士の組み合わせだと、どうしても自分のジェンダーの人物に視点を置くことになる。感情移入とまではいかなくても、視点が固定されてしまうんだよね。例えば少女マンガで恋愛が描かれると、自分と全然違うキャラクターの主人公であっても、自身が女性という時点で男性との接点をその子の視点において読むと思う。そうなると「読む」という行為自体が当事者性を持ってしまう。

「ただ2人を見守っていたいんだ！」っていう人ももちろん大勢いるけど、自分が疑似恋愛をするというストレスから解放されるのも、同性バディものの利点として一つあると思うかな。

トミヤマ　いい意味での「蚊帳の外」感がありますよね。BL研究の世界では、作中で描かれている恋愛に読者が直接関わらなくてよいのがBLのよいところというか、読んでいて楽なところだとよく言われます。特に女性読者にとって、男子2人の恋愛は、自分と関係なくて、だからこそ安心して読めると。バディものも、よく似た構造を持っていますよね。バディの2人で作り上げる世界を完全なる他者として見守ることができますから。

タツオ そういう見方をする人は多いと思うな。それと、「理由」があって組まざるを得なくなる2人組って、破綻がないから安心して見られるし。

トミヤマ 破綻がない？

タツオ 「別れる」っていう選択肢がないんだよ。一緒にミッションをやり遂げなきゃいけないから、絶対に離れられない。もちろん殉職するような別れのパターンもあるけど、そういうストーリーはごく稀だし、少なくともシリーズものにおけるバディや、ずっと支持されているバディものっていうのは、〝繋がり〟が保障されている。ちょっと気まずくなったから、とか、連絡が取れなくなったから、とかでは、男女の恋愛のように別れることがない。

BLは恋愛を取り扱うので、男女の恋愛のように別れる場合もあるんだけど、バディものは、例えば『あぶない刑事』のタカとユージ★がどれだけケンカしても、また組まざるを得なくなるに決まっている。だから安心が根底にあるんだ

★**『あぶない刑事』のタカとユージ**…1986～87年に放送された刑事バディのテレビドラマ。あまりにも人気だったため、続編や映画版も断続的に制作され、2024年も『帰ってきたあぶない刑事』が公開。クールなジェントルマンキャラの「タカ」を舘ひろし、女好きでいい加減なタイプに見えるが、いざとなると冷静さを発揮するキャラの「ユージ」を柴田恭兵が演じた。

と思うんですよね。2人の意思だけじゃないという。

トミヤマ ああ、なるほど！　言われてみればそうですね。絶対に2人で任務を遂行しなくてはいけないという縛りが「この人達は何があっても別れない」という安心感に繋がるわけですね。

タツオ もちろん、必ずしも安心なバディものばかりが好まれているわけでもないとは思うよ。かなり昔の映画だけど、『スピード』のキアヌ・リーブスとサンドラ・ブロック★でいえば、最終的には恋愛をするというドラマ要素を一つ入れることでカタルシスになる。ああいうものはずっと好まれ続けているよね。ただ、『スピード』のストーリーは、男性同士であっても面白く展開できる可能性は十分ある。刑事物とか探偵ものでバディってそういうことなんじゃないかなと。実際、原案となっている映画『新幹線大爆破』（1975年、東映）は、高倉健、山本圭、織田あきらの男三人組だったからね。

トミヤマ おもしろい男女バディものは、男性同士にしてもおもしろくなるというのは、本当にそうだと思います。

★『スピード』のキアヌ・リーブスとサンドラ・ブロック…スピードを落とすと爆発するという爆弾を仕掛けられたバスに乗ってしまったサンドラ・ブロックと、乗客の救出が使命のSWAT隊員キアヌ・リーブスが協力して事件を解決するノンストップアクション映画。1994年公開…ってもう30年前!?　当時、世界中で大ヒットした。

好きなバディのタイプ

トミヤマ タツオさんって、好きなバディはいますか？ 私は『サザエさん』の磯野と中島がすごく好きなんです。自分がそういうバディになりたいというのもあるし、誰かに向けて「あなたたち磯野と中島みたいですね」って褒め言葉として言うのも好き。「タカとユージみたいですね」でもいいんですけど、やっぱりちょっとカッコよすぎるんですよね。磯野と中島の庶民バディはやっぱり最高だなと（笑）。

タツオ トミヤマさん、「磯野と中島」、よく言うよね！ でも、みんな読解力ありすぎだよね。安定的に同人誌に出てるじゃん？

トミヤマ 磯野と中島の同人誌があるんですか⁉ それは読みたいな……。

タツオ 中島の家が複雑で、ちょっと切ないんだよね。おじいちゃんと暮らしていたりして……で、寂しくなると磯野を誘いに行くっていうかわいさ（笑）。

トミヤマ そう！ かわいいバディなんですよ！ これはみんなにも知っておいてほしい！ タツオさんはいろいろなバディを知っていそうですが、どんなバディが好きなんですか？

タツオ　俺、最初はいがみ合っていてほしいんだよね。だから『SLAM DUNK（スラムダンク）』の流川と桜木とか★、『TIGER&BUNNY（タイガー＆バニー）』のバニーと虎徹とか★、『銀魂』の土方と銀時とか★、僕は「ひじぎん」て呼んでいるんだけど、敵対しながら互いをライバルとして意識しているのが好き。お互いがお互いを強烈に意識しているのを恋愛として読み解くっていう面白さもあるので。例えば、同じクラスに、とくに話もしないんだけど強烈に意識する異性がいる場合、それはもう好きってことじゃないか？っていうふうに読んだ方が面白いわけじゃない？　それと同様に、『スラムダンク』の桜木は、流川をライバルとして猛烈に意識するところから始まっていて、それに対してちゃんと返してくる流川くん。……これ、最高！

あとは、『あぶない刑事』のタカとユージ。『あぶない刑事』には日本にはないジョークが結構いっぱいあって、「俺の横を通りすぎていった男はみんな死んだぜ」みたいな変なセリフも、あの2人だったら成立するっていう（笑）。ブルース・ブラザーズ的というんですかね。

★『SLAM DUNK（スラムダンク）』の流川と桜木…言わずと知れたバスケットマンガの金字塔。全世界で累計1億7000万部とか。桜木は主人公。バスケット初心者だがずば抜けた運動神経の持ち主で、類まれなバスケットのセンスを持つ流川をライバル視しており、いがみ合っている関係。2022年公開の映画『THE FIRST SLAM DUNK』は、作者の井上雄彦が原作・脚本・監督を務めたことで、原作の世界観を愛するファンが歓喜した。

★『TIGER&BUNNY（タイガー&バニー）』のバニーと虎徹…ガンダムで知られるサンライズ制作のテレビアニメ。通称タイバニ。町の治安を守るヒーローたちの中で、落ち目のヒーロー・虎徹と、強くて人気だが事情を抱えた新人ヒーロー・バニーのバディ関係を描いた。作中のヒーローはスポンサー契約をして活動しているというアニメ上の設定から、それぞれのヒーローの

トミヤマ　うんうん。なんていうか「そういう世界線だから受け入れるしかない」って感じですよね。

タツオ　たぶん、コナン・ドイルの『シャーロック・ホームズ』★みたいな、上司と部下とか探偵とアシスタントのように権力の勾配があるものよりは、対等な関係でいがみ合っているものの方が僕は好きかな。『古畑任三郎』★でいえば、古畑と今泉がバディになるわけで、今泉の犬ころみたいな感じも可愛いんですけど、そこには職位の違いがあるんで、僕は対等な方がいい。

多分、僕がハーレクインもの★が好きなことにも繋がっているんだけど、ハーレクインものって、まず社会人としての仕事ぶりが描かれていて、その仕事ぶりや人格を評価されて恋愛に進むという展開なんだよね。「見た目」で評価されるのではなく、「仕事」で評価されて恋愛になるって、自己実現度が高い。僕はそっちの方が読んでいて楽しい。権力の勾配があると、部下は上司の言うことを聞かざるを得ないわけだから「断れないじゃん！」というハラスメント的なものを感じることがあるんだよね。

トミヤマ　権力勾配が気になるというのは、わかるような気がします。タツオさん

アームスーツには実際の企業の広告が入っており、広告収入も得た異色のアニメとしても知られる。劇場版、続編なども公開されている。

★『銀魂』の土方と銀時…2004〜18年まで『週刊少年ジャンプ』で連載されたSF時代劇マンガで明治維新あたりの日本が舞台のベースになっている。主人公の坂田銀時と、真選組の鬼の副長・土方との関係を指す。タツオさんは「ひじぎん」呼びだが、逆の「ぎんひじ」呼びをする人も、そういう読み方をしないという人もいる。

★『シャーロック・ホームズ』…19世紀後半に執筆された、イギリスのアーサー・コナン・ドイルによる探偵小説シリーズ。ドラマも映画も複数制作されている、推理小説の古典。探偵のシャーロック・ホームズと、助手で医師のワトソンのバディで事件を解決していく。ワトソンは

の場合、『あぶ刑事』は同僚ゆえの対等さがあるからグッとくるけど、『相棒』★は上司と部下で、対等というのとはちょっと違うから、そこまでグッと来ないと。

タツオ　そうそう！　ただ、右京さんみたいな完全なキング、父性の塊みたいな人から評価されることが嬉しいのはわかるし、そこは見ていても楽しいけどね。ただ、『あぶ刑事』なら、「遅かったじゃねえか」っていう一言だけでいい。「来るって信じてたんだな……」みたいな。翻って「こいつもいろいろあったけど来たんだな」っていう、この信頼関係。「遅かったじゃねえか」だけでキュンってくるっていう（笑）。

トミヤマ　タツオさんはBL読みだから、バディものに対しても読解力を遺憾なく発揮してきますね（笑）。ここまでのお話を聞いていて、やっぱりバディものとBLには通底するものがあるなという気がしてきました。

タツオ　そうなんだよね。少女マンガでいえば、「面白い女」という評価をされることは、人格の評価ですよね。知っているパターンの女子と違うのに、惹かれるというイケメンがいる。あの構図は、乙女読み★の中でもハーレクインに繋

語り部なので、探偵的な勘や推理力はゼロで、ホームズに振り回される立場。

★**『古畑任三郎』**…三谷幸喜脚本によるテレビドラマ。殺人シーンを最初に映し、視聴者に犯人がわかった状態から始まる展開は、『刑事コロンボ』と同じ。主人公の古畑任三郎と助手の今泉は刑事で上司と部下の関係だった。

★**ハーレクインもの**…カナダに本社を置く出版社、ハーレクイン社が刊行する恋愛小説のこと。ごく普通の主人公女性と、金持ちでイケメンの男性との恋愛を描くことが多く、女性に都合のいい展開をする恋愛小説として知られる。

★**『相棒』**…2000年からテレビ朝日で放送されている刑事ドラマ。警視庁特命係の頭脳派刑事・杉下右京＝水谷豊と、肉体派だったり、新人だったりする「誰か」が組む刑事バ

がる何かだと思います。最初に人柄、あるいは仕事ぶりとか立ち居振る舞いに対する評価があって、見た目に対する評価から始まらない展開。

「出会い」のパターンはリアルな人間観につながる?

トミヤマ タツオさんは「最初はいがみ合っていてほしい」とのことですが、私はいがみ合ってなくてもいいかな（笑）。最初はお互い無関心、みたいな状態からスタートして、一緒に過ごすうちに、「あれ？　こういう関係もいいかも？」と気づいていくパターンが好きですね。

タツオ ゼロからのスタートってことだね。僕はマイナスからのスタート。僕の場合、単純に「フリが効いてる」ってことが大事なのかもしれない。たぶん僕は小さい頃から姉の少女マンガを読んでいたから、昔の少女マンガのテンプレが頭に入っているんだと思う。主人公は、周囲の人が「けっこう、かっこいい！」とか言っている男に対して「何こいつ、最悪！」という印象から入るんだけど、相手から勝手に「面白い女認定」をされて意識していくっていう（笑）。

トミヤマ わあ、古典的な少女マンガだ！

ディもの。

★**乙女読み**…「主人公や同性キャラクターに共感し、自分と置き換える読み方。同一作品について「BL読み」「腐女子読み」などがあるため、それらと区別する読み方」と、『活字倶楽部』(雑草社)2007年秋号「乙女と隠れ腐女子のための読書案内」より。

タツオ　ハーレクインでも、主人公が働いているところに、お金に物を言わせるような横暴な男が入ってきて、最初は反目しあって、「今までの女はみんな金で言うことをきいてたけど、こいつは何か違う……」みたいな感じになっていくんだよね。主人公からすれば、「なんて傲慢な男なの！」という最悪の印象を持っていたはずなんだけど、ある日突然、花束を贈られてちょっと異性として意識するっていう。フリがあっての展開が好きなんだよ（笑）。

こうして考えてみると、僕は「その人じゃなきゃいけない理由」がほしいのかも。ただ一緒にいるから仲良くなるのではなくて、最初は印象最悪だったけど、こいつ意外といいとこあるじゃんって気づくところまでが大事っていうかね。こいつじゃなきゃ駄目なんだって、最終的にはそこにたどり着くために、スタート時点ではマイナスが大きい方がプラスも大きいから。

トミヤマ　それで言うと、私が少女マンガを本格的に読むきっかけになった作品って、安野モヨコさんの『ハッピー・マニア』★なんですね。主人公のカヨコは、最終的に高橋という男とくっつくんですけど、最初の時点では彼にまったく興味がないんですよ。少女マンガによくある「最悪の初対面」ですらなくて、

★**『ハッピー・マニア』**…安野モヨコによる1995〜2001年まで『FEEL YOUNG』で連載された少女マンガ。貞操観念がなく、男を落とすためにすぐヤる、しかしヤッてから振られる、という主人公像は珍しく、時代も反映していてヒットした。高橋はそんな主人公の恋愛スタイルを知っていて好きになってしまった奇特な青年。近年、高橋と結婚した後の主人公が描かれる『後ハッピーマニア』が連載されている。裏切らない展開のシゲカヨが素晴らしい。

まったくの「圏外」。これってどう考えても私の好きな無関心スタートですよね(笑)。この2人にはなにも起きないだろうと思いきや、なにかが起こってしまう。0が1になるところに感動するんです。

こうやって考えると、マンガを読むときのときめき方が人によって違うように、バディものにグッとくるときのツボも人の数だけあるような気がしますね。そして少女マンガをどんなふうに読んできたかが、一つの判断材料になるってこともわかりました。少女マンガのどこにグッとくるかで、どんなバディものが好きかもある程度絞り込めそうです。

タツオ あとね、僕は好きなのでいうと、「手錠もの」なんですよ。

トミヤマ 何ですか、手錠ものって? ……最終的に逮捕されるとか?

タツオ 違う、違う(笑)。何かの拍子で、いがみ合ってる2人が手錠で繋がれてしまうやつ。だから離れられなくて、一緒に生活したり移動しなきゃいけない状況になるという。で、ケンカしまくるんだけど、離れられない。……だからケンカップルだよね。手錠は、状況説明とか事件解決のミッションなしでバディを作れる小道具になっていて、何かの拍子で手錠で繋がれてしまった、あるいは犯人を見つけた刑事が犯人と自分の片手を手錠で繋いで連行しようとするんだけど、途中で鍵を落としてしまって離れられなくなる、みたいな。しかも、刑事と犯人は追う方と追われる方で、互いのことは誰よりもよく知ってるわけで……最高じゃないですか！　これも、やっぱり一緒にいなきゃいけない、離れることはない、という安心感がある。

トミヤマ　手錠もの、全然知らなかったですけど、すごくおもしろいですね。それにしても、人によってグッとくるポイントって本当に違いますね。その人の自己認識とか、普段の人間関係がかなり影響しているような気がします。私はわりと自己肯定感が低いので、「何者でもない自分でも誰かといい関係を結べるだろうか？」という気持ちが心の奥底にあるんでしょうね。だから相手がこちらにまったく興味がない状態からスタートして、何かのきっかけでよきバディになる展開が好きなんだと思います。この理屈からすると、タツオさんは実人生においても、まずは相手とバチバチするところからはじめたいんじゃないですか？

タツオ　そうだね。僕は殴り合うっていうのは愛し合ってることだと思ってるから（笑）。好きでも嫌いでも、人に対してエネルギーを割くっていうのは一種の愛情表現だと思って読んじゃうな。

言わなくてもわかる関係

トミヤマ タツオさんは「米粒写経」★というお笑いコンビを組まれていて、相方の居島一平さんとはある種のバディ関係にあると思うんですけど、居島さんとも最初はバチバチしたんですか？

タツオ いや、僕らはサークルの先輩後輩だからね。落研（落語研究会）が学園祭で何かしようとすると落語ばっかりになっちゃうから、「漫才でもやる？」って即席で組んだのが最初。

トミヤマ 大学からだと付き合いがかなり長いですね。それだけ長いと、対立や葛藤が起きることもありそうです。

タツオ うん、まあ1回解散した時期もあったよ。2年目ぐらいかな、3年目かな。

トミヤマ そうだったんですね。それって、解散した後の雪解けはどんな感じで訪

★「**米粒写経**」…サンキュータツオさんと居島一平さんによるお笑いコンビ。早稲田大学の落研所属時に結成。ポッドキャスト、YouTube、寄席など、幅広い場所で活動中。スケジュールは公式HP：http://kometsubu.com/か、X（旧Twitter：@kometsubuinfo）にて。

れるんですか？

タツオ　まあ、「もう1回やる……？」みたいな（笑）。コンビって夫婦に近いと思うんだよね。お互いに何を考えてるかわかるし、「あ、こいつ今、猫かぶってるなあ」っていうのもわかるし。親戚の集まりに行くと、家族が「また同じ話してるよ」っていう時あるじゃない？　あんな感じ（笑）。

ただ、「言わなくてもわかる人」って結構少ないのよ。お笑いの世界では、お笑い養成スクールで出会ったコンビはあまり長続きしないってよく言われるんだけど、それは人間関係の構築ができてないのにコンビを組んじゃうからじゃないかと思う。お互いのことをよくわかっていないし、絆がないから。それに比べてずっと売れているコンビって、ダウンタウンにしてもとんねるずにしても、幼なじみだったり同級生だったり先輩後輩だったりが多い。利害が発生しないうちから付き合いがあるんだよね。

トミヤマ　なるほど、そういうことですか。言われてみれば、すごく売れた後に「いつの間にかバラバラに活動してるけど、どうした？」っていう人たちもいますもんね。あれは人間関係の構築がうまくいかなくて限界を迎えてしまったパターンなのかな。

タツオ　うん。ただ、僕らの頃はお笑い養成スクールってあんまりメジャーじゃなかったんだけど、今はスクールから出た人たちも40代ぐらいになってきているから、今後はどうなるかはわからないけどね。コンビって、時期的に勾配が出てくるときが必ずあるの。どっちかがいいときはどっちかが悪い、みたいな。それに対して嫉妬もあるし、顔も見たくない感じになるときもある。だから、そこにはお金じゃない部分で繋がりがないと続かないんだよね。「自分はこの人が面白いと思う」とか「こういうものが面白い」っていうことが共有できてないと長続きしないっていうか。

トミヤマ　ビジネスとしてお笑いコンビを組むと、片方がめっちゃ売れてるときに、2人の関係が壊れちゃう危険性があるということですね。相方と共有している価値観がお金以外のところにもあるかどうかはかなり大事そう……。でも逆に、ビジネスが関係ないと、感情のコントロールが難しくなって、相方に嫉妬とかすることもあるんじゃないですか？　もし居島さんが違う人とコンビを組んでネタをすることになったらどう思います？

タツオ　普通に見れるよ。こういうふうに「料理」するのね、みたいな感じで。でもね、他の人とコンビを組むのは無理だと思う。その場は良くてもコンビとしては絶対続かないよ。

トミヤマ「他の人と組んでも一時的なおもしろさしか作り出せないでしょう？」って、お互いが思ってるってことですか？

タツオ　浮気はわかるけど、別の人と結婚しても絶対もたないよね～っていうのは思う（笑）。

トミヤマ　その自信というか、相手への信頼感ってちょっと感動的ですね。おふたりの人生の核の部分に米粒写経の活動があるんだなあ。

タツオ　うん。僕らはコンテストで勝つぞ、っていう目的ではやってないし、そういう価値観だったら違う相方の方がいいっていう結論がかなり前に出てるから。僕たちは、18歳のときの自分が面白いと思ったものをずっと信じていこうっていうことでやっているんだよね。それに、M－1とかキングオブコントって、偏差値教育と一緒だからさ。いい成績取るためのテクニックの話になっちゃうのが好きじゃない。

トミヤマ 勉強がんばって東大へ行くぞ、みたいな？

タツオ そうそう。僕らはそういうの全然興味ないんだよね。もともと「いい点を取る」という社会的な序列から外れた世界にきたはずなのに、なんでまた偏差値教育みたいなのが始まってんの？って思う。そこに諸手を挙げて乗っかるつもりはないっていうことかな。

トミヤマ 笑いにも多様性があるということですね。芸人さんは自分たちの関係を夫婦に例えたりしますけど、バディでもあり夫婦でもあるような、とても不思議な関係だなと感じました。

タツオ この世で唯一無二の経験を一緒にしてる人だからね。辛い仕事も一緒にやってるし、すっごい美しい思い出もいっぱいあるし。でもそれをちゃんと記憶しているのは、自分とあともう一人しかいないわけよ。タケシさんの前でネタやったなあとか、屋形船の営業つらかったなあ、とか、そういうのも全部2人だけの記憶。夫婦もカップルも、2人でいろんなところに旅行に行ったり、いろんな街に思い出があったりするでしょ？ そういうのに近いかな。それをまたゼロから別の人とやるしんどさよりは、別れずやっていくんだと思う。もう、いいとこも悪いとこもわかってるから、あとは何とかしていきましょう、みたいな。

恋愛抜きの男女バディものについて

トミヤマ 男女バディについてもうかがいたいんですけど、最近の男女バディものを見ていると、恋愛一切なしの男女バディが当たり前になってきた感じがします。私は男女の友情があるかないかについては、完全に「ある派」なんですけど、タツオさんはどうですか？

タツオ いや、それはあるでしょう。僕もある派だよ。

トミヤマ そうですよね！　よかった！　私も昔から男女の友情はあるって言い続けてきました。それは理想論を言ってるわけじゃなくて、現実にそうだから、としか言いようがなくて。例えば私とタツオさんの関係もそうです。いろんなところでお仕事をご一緒していて、付き合いも長いし、大好きな先輩ですけど、じゃあ恋愛するかって言われると、なんか違う。というか、友情を大事にしたい気持ちが圧倒的に強い。私には他にも仲よしの男性ライターや男性編集者がいるんですけど、恋愛の匂いがまったくしてこない。彼らとよく話すのは、「一緒に仕事をしたり遊んだりで十分なのに、なぜくっついてしまうのか……。くっついたら、離れなくちゃいけなくなるかもしれないのに」ってことなんです。ところが、先日とある女性にこの話をしたら、「意味がわからない」と言われたんです。中学生の同級生とかだったら、恋愛を意識しないのもわかるけど、大人になってから会った人はつねに恋愛の対象として見ているし、心の中で「アリかナシか」を考えると言っていたんです。ああ、このあたりの感覚は、人によって全然違うなと思いました。

タツオ　まあ、その人が言わんとすることはわかるよ。ゼロじゃないっていう感じ。俺も、トミヤマさんと、もし地震が起きてエレベーターに2人で閉じ込められて、3年ぐらい共同生活しなきゃいけないってなったら、異性として意識するかもしれないよ（笑）。でも、だからこそ、手錠とエレベーター閉じ込めっていうのは、小道具として最高なわけで。

トミヤマ　強制的にバディを作り出す仕掛けとして（笑）。

タツオ　でも、一般的に女性からしてみたら、自分が想像もしてなかった感じで迫られるっていうこともあると思うんだよね。だから、ちょっと危機感を持って生きてた方が安全かもしれないなって思う。信じられない男もいっぱいいるからさ。いい人ぶって近づく人もいるし、ジェンダーレスな感じで近づく人もいるし、友達的な感じで近づく人もいるから、わかんないんだよね。見た目がいい女性や若い女性は、もう口説き大喜利をいっぱいやってるわけだから、男だったら誰一人として気が抜けないっていう人がいてもおかしくない。おじいちゃんだと思って安心してたら、いきなり男を見せられたとか、友達だと思ってたら男の部分を出されたとか、そういうことで毎回傷つきたくないじゃん。だから、そういうもんだって折込済みで生きていくっていう考え方もあるんじゃないかな。男女の友情も成立するかもしれないけど、成立しない前提の方が傷つかないで済むから。

トミヤマ　女性だけでなく男性もそうかもしれないですけど、モテるタイプの人にとっては、人間不信からスタートする方が安全かもしれないという……。世知辛いですが。

タツオ　火の粉を払いのけるだけで大変っていう人も多分いっぱいいると思うよ。

あと、ちょっと脇が甘そうな女性なんて、ワンチャン狙いの男がめちゃくちゃ多いのよ。昔の芸人さんたちの話なんてひどいから。土下座すればなんとかなる、みたいな。自己主張がはっきりしてる女性なら、そういう相手にちゃんとダメって言えるけど、断れない人も案外多いんだよね。

トミヤマ 私は狙われていることに気づかないタイプです。「あの人、トミヤマさんのこと好きだったと思うよ」って言われて、「え!? うそでしょ?」となる……。こちらがイエス/ノーの意思表示をする前に、相手が去っているパターンです。

タツオ 鈍感主人公★！（笑）

トミヤマ どうも死ぬほど鈍感みたいで、「あの人、全然そんな素振り見せてなかったじゃん?」って言うと、「いや、そんな素振りしか見せてなかったじゃん!」って返されて、本気でビックリするっていう。あの、すみません……私が男女の友情をありだと思っているのも、男性とバディになるのがうまいのも、私が死ぬほど鈍感だからかもしれない説が、たった今急浮上して参りました。そもそも恋愛に興味がないんだなきっと……。その方が自分に合ってるから、

★**鈍感主人公**…アニメやマンガで、素敵な異性に熱烈に好意を寄せられていることに気づかない主人公のこと。気づかないために関係をややこしくしたり、相手をときめかせてあおったりする。多くの女子がなってみたい憧れのキャラだが、鈍感な人は自分が鈍感主人公であることに気づけないため、誰も実感できないキャラ。

全然いいんですけど！

タツオ　そういうことだよね（笑）。だから、コンテンツとしてのバディものだって、男女であれば、どうしたって可能性は出てくるわけじゃない。最終的には何かあるかも、恋愛になるのかもって思いながらずっとシリーズを見る理由の一つにもなるのはそういうことだよね。

何も起こらないファンタジーを見たいという気持ち

トミヤマ　それがですね、最近の学生さんたちに話を聞くと、コンテンツを摂取するときに、「男女だから何かあるだろう」と考えること自体をストレスだと感じる層が結構いるらしいんですよ。男女でも恋愛抜きの関係でいいし、変な「匂わせ」とかも要らないと。

タツオ　恋愛ナシの場合は、本来はお互いにパートナーがいるとか、別に好きな人がいるっていうことを先に描かないといけないよね。それでこの2人は恋愛的な状況じゃないよって説明しなきゃいけなくなるから、むしろ説明することが一つ増えると思うんだけど。

トミヤマ なんかもう、コンテンツにしろ実生活にしろ、恋愛的なパートナー自体を欲してない感じなんですよ。恋愛する相手より友達が大事みたい。恋愛はすごくカロリーを消費する行為ですし、メンタルの調子が上がったり下がったりもするので、実地で恋愛するのはあまり興味がないんですって。フィクションとして楽しむときも、ちょっと疲れちゃうから、元気がないときには読めない、みたいなことを言う学生が確実に増えてきています。精神的に穏やかでいたいからか、文芸学科の学生が書く小説も、何も起こらない話が多いんですよ。教員としては「これ純文学作品じゃないよね？　エンタメ作品のつもりだよね？だとしたら、フリがあって、オチがあって、フリとオチの間に対立や葛藤の物語を立ち上げるのが基本なんだけど……」みたいなことを言いたくなりますが、どうも彼らの書きたいのはそういう話じゃない。今後はそういう作品がますます増えそうだなと思っているところです。

タツオ なるほどね。そうなると、むしろ何も起こらない「日常系」のコンテンツの方がよほどファンタジーなのかもしれないね。彼らは10代からLINEだとかSNSとかでコミュニケーションにさらされて、学校以外でもコミュニケーションを取らなきゃいけないっていうストレスがあるでしょう。俺らは「また明日！」って家に帰れば終わっていたけど、今の子は家に帰ってもスマホ見て、返信しなきゃとか既読だからなんだかんだって、考えなきゃいけないことが多すぎる。SNSでは見ず知らずの人とのコミュニケーションで叩かれたりすることもある。LINEのグループに入っている／入っていないでも疑心暗鬼になったりするだろうし。もう関係が破綻する装置が多すぎるよね。10歳ぐらいで携帯を持った瞬間から、関係破綻の崖に常に立たされているわけだから、何も起こらない安心安定の関係っていう方がもうファンタジーなのかもね。

トミヤマ　そう思います。コミュニケーションに関しては、本当に逃げ場がないですもんね。

タツオ　そこに「仲間だったらこれは見といてくれよ」とか、コンテンツを共有されちゃったりすることもあるから、読まなきゃいけないもの、見なきゃいけないものも多い。そりゃ疲れるかもね……。

トミヤマ　それと関係していそうな話がひとつあるんですけど、最近は学生に自己紹介をさせても、ぼんやりしたことを言う学生が多いんです。一昔前だったら、具体的な作品名や作家名を出しつつ「こういう作品や作家が好きな私です、よろしく！」って自己紹介する学生がいっぱいいて、それがみんなにとっての「覚えやすさ」にもなっていたんですけど、近頃の学生は、「アニメが好きです」とか「ラノベが好きです」というふうにしか言わない。「何でそんなにぼんやりさせるの？」って聞くと、「具体名を言ってしまうと、それが好きじゃない人もいるかもしれないじゃないですか？」って言うんですよ。すごい気遣いでしょう？

つまり、コミュニケーションのコストをなるべく下げるようにしているんですね。自分の情報は、ちょっとずつ小出しにして、大丈夫かどうかをその都度確かめる。そうすることで、コミュニケーションのリスクを回避しているわけです。

タツオ　コミュニケーションツールが増えすぎたことによる最適化だよね、それ。

トミヤマ　そう、まさに最適化です。だけどそのせいで相手との距離がなかなか縮まらないとも言えるわけです。私なんかは、「何年かけて仲良くなるつもり？

大学は4年しかないよ?」と思うんですけど、それはきっと古い考え方なんですよね。彼らは自分たちがベストだと思う方法でコミュニケーションを取っているはずですから。

タツオ　同じコミュニティの中だと、人との衝突はものすごい濃い人間関係に感じられてストレスになるんだろうね。実際には後で気まずいだろうと考えて衝突はしないわけで。だからその人に聞こえないところ……LINEとかツイートとかで文句を言うわけだし。コミュニケーションを見えないところでするっていうのがマナーになってきているからね。

トミヤマ　本当にそうですね。現実世界で誰かと向き合うのが難しくなっているからこそ、バディという関係や、それを描いたバディものがますます尊く思えるのかも。さっきタツオさんが言ったように、たとえ衝突や摩擦が起きても、なんらかの安全装置が機能していて決して2人が離れ離れにならないっていうのがバディ・コンテンツの魅力。だとすれば、とくに若い人たちにとっては、私たちの時代よりもはるかに魅力的な関係なのかもしれません。

（了）

トミヤマユキコ

1979年、秋田県生まれ。早稲田大学法学部、同大学大学院文学研究科を経て、東北芸術工科大学芸術学部准教授を務める。手塚治虫文化賞選考委員。大学では現代文学・少女マンガ研究や創作指導を担当し、ライターとしても幅広く活動。

著書に『少女マンガのブサイク女子考』(左右社)、『労働系女子マンガ論!』(タバブックス)、『10代の悩みに効くマンガ、あります!』(岩波ジュニア新書)、『女子マンガに答えがある―「らしさ」をはみ出すヒロインたち』(中央公論新社)などがある。

本書は、大和書房ホームページにて２０２１年9月～２０２２年12月まで連載された「バディ考」に大幅に加筆修正してまとめたものです。

「ツレ」がいるから強《つよ》くなれる!

バディ入門《にゅうもん》

2024年9月1日　第1刷発行

著者
トミヤマユキコ

発行者
佐藤 靖

発行所
大和《だいわ》書房
東京都文京区関口1-33-4
電話 03-3203-4511

装画
朝野ペコ

装丁
木庭貴信+川名亜実
(オクターヴ)

校正
円水社

本文印刷所
シナノ印刷

カバー印刷所
歩プロセス

製本所
ナショナル製本

ISBN978-4-479-39433-4

http://www.daiwashobo.co.jp